大夏书系·教育新思考

周彬 著

叩问课堂

（第二版）

Kiuwen Ketang

华东师范大学出版社
ECNUP
全国百佳图书出版单位

图书在版编目（CIP）数据

叩问课堂/周彬著. —2 版. —上海：华东师
范大学出版社，2011.12
　ISBN 978 - 7 - 5617 - 9162 - 2

　Ⅰ.①叩... Ⅱ.①周... Ⅲ.①课堂教学—教学研究—中小学
Ⅳ.①G632.421

　中国版本图书馆 CIP 数据核字(2011)第 255832 号

大夏书系·教育新思考

叩问课堂(第二版)

著　　者	周　彬
策划编辑	李永梅
审读编辑	杨　霞
封面设计	奇文云海
责任印制	殷艳红

出版发行　华东师范大学出版社
社　　址　上海市中山北路 3663 号　邮编 200062
网　　址　www.ecnupress.com.cn
电　　话　021 - 60821666　　行政传真　021 - 62572105
客服电话　021 - 62865537
邮购电话　021 - 62869887　地址　上海市中山北路 3663 号华东师范大学校内先锋路口
网　　店　http://ecnup.taobao.com/

印 刷 者　北京季蜂印刷有限公司
开　　本　700×1000　16 开
插　　页　1
印　　张　14.5
字　　数　207 千字
版　　次　2012 年 2 月第一版
印　　次　2024 年 10 月第十三次
印　　数　41 001 - 42 000
书　　号　ISBN 978 - 7 - 5617 - 9162 - 2/G·5466
定　　价　29.80 元

出 版 人　朱杰人

（如发现本版图书有印订质量问题，请寄回本社客服中心调换或电话 021 - 62865537 联系）

目　录

自 序

如果远离课堂，似乎就无法畅谈教育；如果置身课堂，好像又无法直面教育!

有很多教师怀着教育的理想步入真实的课堂。可当他们真正在课堂中行动时，却发现自己的课堂教学不一定能够实现自己的教育理想，而且往往不是为了实现自己的教育理想。太多的规章制度约束着自己，各种考试更是课堂教学的指挥棒，而且学生的成绩远比自己的教育理想重要。于是，如何将教师的教育理想与真实的课堂教学联系起来，就成为我自己的教育理想。

为了实现这个理想，我抱着朝圣者的心态走进课堂。然而，在感受到真实的课堂后，我反而被诸多课堂教学中的现实问题所困扰。于是，我又走出课堂，站在教室门口观察课堂，站在校门外反思课堂，想着课堂内的教师，想着课堂内的学生，更想着支撑教师与学生的背后的运作机制。

要认识与理解课堂教学，就需要我们参与并体验课堂。如果要解释并优化课堂教学，又需要我们远离课堂。正如人无法抓着自己的头发将自己拎起来一样，尽管在课堂中可以真实地感受与描述课堂教学，但却很难为课堂教学质量的提升寻找到可行方案。更让人担忧的是，离课堂越近，变革课堂教学的空间就越小，这就难免会因为缺乏空间而放弃变革课堂教学的努力。因此，只有去除课堂教学的神秘，躲开课堂教学的喧嚣，才可能会慢慢地恢复课堂教学的理性，静心思考支撑课堂教学的内在机制，进而找寻到变革课堂教学的方法，找寻到提高课堂教学效率的策略。

教师的劳苦功高我们是承认的，学生的勤奋苦读我们也是理解的，可课堂教学中暴露出来的现实问题却是不容忽视的。静心思考这些问题时，我们不难发现，尽管问题表现在课堂上，可要真正解决它们，远不只是对课堂本身进行"手术"就可以的。于是，我不再就课堂论课堂，而开始去追问支撑课堂的力量究竟是什么。原来，导致课堂教学"生病"的原因，正在远离课堂教学的地方生长着。要彻底地消除课堂教学的病症，需要长久地、科学地提高教师的教学能力，转变教师的教学理念，激发学生的学习愿望，丰富学生的学习策略，运用科学的学习方法。此时才明白，课堂的神秘并不在课堂教学的表象上，而在支撑课堂教学的内在力量中；课堂症状并不可怕，可怕的是导致课堂症状的病根！

尽管教室中只有学生与教师，可影响课堂教学的因素却是纷繁复杂的。教师拥有课堂，但他对课堂教学并没有绝对的决策权，因为他得遵守学校的规章制度，他得按照课程标准来决定教学进程，他得根据考试大纲来决定教学内容；最为重要的是，教师的教学工作还得根据学校的绩效考核标准来决定。课堂教学对学生来说肯定是重要的，但课堂教学提供的教学内容、教师提供的教学方法，却不一定是学生喜欢的。学校对学生的管理对学生群体可能有利，但有时对学生个体却极为不利；学生平时的考试成绩对教师来说是重要的，而只有最后的升学考试成绩对学生才重要。正是这些运作机制的存在，才让我们感觉到，课堂远不只是教育科学的问题，还存在着大量的管理与利益问题。虽然这些问题并没有直接在课堂中表现出来，但它却潜伏在课堂教学过程之中。

虽然不再坐在教室里，不再借用"显微镜"来观察课堂教学过程，但我对课堂教学的思考并没有结束。站在教室外面，甚至站在学校外面，借用"望远镜"来观察课堂教学过程，反而让我对课堂教学有了更为深刻的思考。于是，我不断用那些来自课堂的问题追问自己。于是，我不断地思考，也不断地写作。思考不是为了解救课堂，而是为了还课堂本来的面目；写作不是为了说服别人，而是为了传达自己对课堂的真实想法。如果这能激发大家对课堂教学的一点点新的理解，不管大家对文中的观点是赞成还是反对，我都心满意足。

修订版序　我们如何思考课堂

　　作为教育理论工作者，虽然我格外关注基础教育实践，但当我把《叩问课堂》交出去的时候，心里还是非常没有底的，生怕自己的"胡言乱语"扰乱了教师们的正常思维；当然，更怕大家对她冷漠处之。很幸福也很幸运的是，这本书自 2007 年出版至今，已经第七次印刷，这样的事实一方面让我很高兴，另一方面也让我很紧张。高兴的是她能够得到大家的认可与接受，紧张的是她还不够成熟与完善。

　　在征得出版社同意并得到他们大力支持的情况下，借《叩问课堂》(第二版)、《课堂密码》(第二版)、《课堂方法》三本书一同出炉的机会，我对本书进行了系统化的调整。在三本书中，《叩问课堂》(第二版)立意于对课堂进行多方位、系统性的思考，让我们能够更好地理解课堂教学；《课堂密码》(第二版)立意于对课堂的结构与效率进行分析，让我们能够更好地设计课堂；《课堂方法》立意于对不同教学阶段使用方法的思考与安排，让我们能够更好地建设课堂。

　　"教师与教学"这一辑是以原书中的"莫把课堂当秀场"这一辑作为基础。教师与教学之间的关系，看起来非常简单，但正是这看似异常简单的关系，却有可能让教师深陷教学一辈子而无法自拔，也有可能让教师因为教学而成就自己一辈子的辉煌。教师每天都要上课，可是这个课究竟是为谁而上的呢？如果是为学生，那么教师就是课堂教学的牺牲品；如果是为自己，那么教师的教学水平肯定会越来越高，最终的受益者是学生，也包括教师自己。教师都想上好课，可当你为了上好课而上课时，成效往往并不显著；而当你关注自己生活品质的提高和教学素养的提高时，课堂就会在不知不觉中变得精彩起来。

"学生与学习"这一辑是以原书中的"让学生学习走出迷失之境"这一辑作为基础。学生因为学习才是学生，于是我们想当然地认为，学生就是应该学习的。但在教育实践中，问题远不是这么简单。学生自己很愿意当学生吗？他到学校当学生一定是心甘情愿的吗？他究竟是怎么学习的呢？他这样学习有效吗？如果教师没有把这些问题搞清楚，又怎么能说课堂教学对学生的学习有帮助呢？

"育分与育人"和"课堂与课程"这两辑的内容大多数都是新加的。育分与育人的关系，是我这几年接触中小学课堂后感到最为困惑的问题。在传统的思想中，育分与育人总是两分的，而且似乎还会相互伤害，把分育好了，似乎人就要受到伤害；把人育好了，似乎分数就要受到损失。可是，事实真的如此吗？如果只为育分，不顾育人，这样的结果往往是育不出分，自然也育不出人；如果以育人为目的，看起来是在做一些和育分没有直接关系的事，但结果往往有利于育分，而且还有利于把育分这项工作可持续发展下去。课堂与课程的关系，是近几年的教育热点问题，但课程改革提得比较多，而对于课堂教学和课程改革究竟是什么关系，课程改革会给课堂教学带来什么影响，课堂教学又应该如何适应课程改革，则考虑得并不具体。在笔者看来，课堂是课程的具体化和过程化，课程是课堂的结构化和目标化，有了课堂支撑的课程会更好地被实施下去，有了课程引领的课堂会更有效地得到展开。

"成绩与成长"这一辑是以原书中的"考试成绩究竟是谁的命根"这一辑作为基础。教学自然是要见到成绩，不然无法对教学过程进行反馈，也无法对教师与学生的努力有个交代。然而，如果课堂教学只是为了成绩而成绩，那么，这样的成绩就变成教师的教学政绩，自然得不到学生的支持；如果课堂教学追求的成绩是为学生的成长，那么，这样的成绩就真正是学生需要的成绩。所以，虽然教师与学生都追求成绩，但成绩背后的支撑因素不一样，最终导致学生在课堂上的表现也完全不一样。

在此次修订过程中，一共更换了十三篇文章，并对原书的结构进行了重组，力图对课堂教学有更加系统、更加全面的思考与认识。尽管已经在修订上动了大手术，仍然不敢说本书对课堂教学的思考就全面了，对课堂教学的理解就系统了。之所以仍以文辑的方式展现给大家，也是因为目前对课堂教学的思考还非常分散，离全面思考和系统理解的路还很遥远。如果有更多的同行加盟，路再远，只要不孤独，希望就会越来越近。

第一辑　教师与教学

1. 为谁而教

尽管我们每天都在上课，但却很少追问上课究竟是为了谁。究竟是为谁上课，这难道还是一个问题吗？难道教师每天上课不是为了学生吗？然而，教师上课仅仅是为了学生吗？在汶川地震发生之后，全国人民都在为受灾人民捐款捐物，有一位乞丐也捐出了他一天讨来的财物。和绝大多数国民相比，他捐出来的财物一定不会让你眼睛一亮，但以他的身份去捐款却一定会让你佩服不已。而且，当记者采访他，问他为什么要将自己讨来的财物捐给灾区人民时，他的解释也让我们深思，他说并不是因为灾区人民需要，他才捐出财物，而是因为捐了会让自己的心里好受一点。我们一直认为，那些舍身救人的人，一定是为了救这个人才去救人的；可很多当事人并不是这样认为的，真正让他们舍身救人的动机，来自个人良心的诉求，而不是理性的算计。这些极端的例子，都没有把动机完全归于对受益者的照顾，难道我们每天的课堂教学，就仅仅是为了学生吗？

一、为课堂而沉沦的教师

在初为人师的一年里，张老师过得特别艰辛，也经历了不少挫折。当我问她，当教师这么辛苦，究竟是为了谁时，她脱口而出，那当然是为了学生，要不是为了学生学得更好，我有必要搞得这么辛苦吗？我说，既然你觉得当教师这么辛苦，那么为什么不放弃教师这个职业呢？她说，如果我放弃了，学生怎么办呢？我说，可以让那些觉得当教师并不辛苦的人来教育学生呀。她说，难道还会有人认为当教师不辛苦吗？我说，如果你享受自己的每堂课，并在每堂课中感受到自己的进步，感受到自己的成就感和幸福感，下课的时候感受到作为教师的尊严和幸福，那么当教师岂不就幸福了？也就是说，如果把课堂教学当作是自己的，教师是为了自己的进步和幸福而教，那么这样的课堂教学岂不是更有意义？谁知，她反问了我一个问题，如果觉得课堂教学是为了自己的进步和幸福，那么这样的教师岂不是太自私？当课堂教学是为了学生时，虽然很辛苦，虽然自己不一定有进步，但这样的教师很高尚；如果教师整天为了自己而教，哪怕自己进步了，也似乎总觉得少了一点儿什么吧。然而，事实真的如她所言吗？难道道德高尚与专业进步之间就一定是非此即彼的关系吗？

在教育实践中，不管我们做什么事，只要是为了别人，我们都会在道义上享有优越感，不论这件事做得多还是少，做得好还是差。之所以说教师是"太阳底下最光辉的职业"，而不说教师是"太阳底下最智慧的职业"，其中一个很重要的理由，也许就是大家认为教师总是为了学生而教。既然教师的每堂课都是为学生而上，每天的教育教学工作都是为学生而做，那么，这样的职业就应该是"最光辉"的了。可是，一个如此"光辉"的职业，似乎既没有把学生的未来成长之路照亮，也没有把教师自己的专业之路照亮。学生的未来成长是一件大事，更是一件长远的事，所以仅仅靠教师的"施舍"是远远不够的；教师自己的专业成长是一件重要的事，也是一件很专业的事，所以仅仅靠教师的"奉献"是远远不够的。

当我们说"教师是蜡烛，燃烧自己照亮别人"时，强调的是如何通过燃烧自己来达到照亮别人的目的，而不是去追问，为什么过了这么多年，我们在照亮别人时，还在使用如此落伍的"蜡烛"；为什么过了这么多年，我们还没有开发出一种既让自己得到成长，又让学生得到发展的新的教育教学技术来。这难道不是值得我们反思的问题吗？对于同一件事情，站在不同的角度，就会有几乎完全不同的看法。对于课堂教学，笔者无意否定教师"照亮学生"的良好动机；但作为教育工作者，我更想强调在"照亮学生"这个过程中，教师使用的工具是否科学，教师在这个过程中是否能够感受到成就感和幸福感，而不是简单地用"照亮学生"这个道德优越感，来掩盖作为专业人员应该承担的专业责任，来阻碍专业人员在专业路途上的进取之心。

上一堂课，并不是什么莫大的牺牲；上一天课，也不是什么莫大的牺牲；但天天都上课，教师牺牲的就不仅仅是自己的时间与精力，还有自己的专业与未来。当教师始终以"为了学生"的心态日复一日地上课时，上课本身就是一种高尚的行为，只要把课上完了，也就对得起学生了。如果只是一堂课，或者一天的课，教师有这种想法，那么不会有什么大问题；但如果堂堂课都是为了学生，天天上课都是为了学生，那就意味着教师除了享受"为了学生"这点道德优越感之外，将"一无所获"。如果把每堂课都上了，把每天的课都上了，就应该对得起学生了；但如果每堂课、每天的课都没有对自己产生影响，那就意味着每堂课都只是对前面课堂的重复，每天的课都只是对昨天的课的重复。这样，不但不会对学生的成长有多大助益，而且会让自己的教学生涯在每堂课、每天的课的重复中沉沦下去。

二、在课堂中找寻专业生机

教师要上课，肯定是为了学生；但教师真正上起课来，就不仅仅是为了学生，还可能是为了自己。就学生学习而言，课堂是学生学习的主阵地，自然也是教师帮助学生学习的主阵地；就教师而言，课堂何尝不是教师展现个人魅力、实现个人价值的主阵地，何尝不是教师增强教学能力、提高专业水平的主渠道？诚然，没有学生到学校学习，教师自然就没有必要去上课，可是，如果我们就此把上课的收益全部归于学生，并认为教师上课只是对学生无私奉献，那么，这不但对学生不公平，对教师也不公平。之所以说对学生不公平，是因为不管教师怎么教，在课堂中真正学习的仍然是学生，也就是说，把知识学到手的功劳，主要还是学生自己的，教师只是帮助者而已。当我们认为教师上课完全是为了学生时，学生就成了课堂教学的"无偿占有者"，这样就把学生学习的功劳和成就感给剥夺了，而且还让学生始终处于道德劣势地位。如果我们想到这个层面，也就不难理解学生为什么会对学习失去兴趣了。

让教师在课堂教学中一无所获，对教师也是不公平的。对学生的学习而言，教师永远只是一个帮助者，而不可能成为学生学习的替代者，这就意味着不管学生在课堂中学到了什么，也不管学生在课堂中学到了多少，教师都不是直接受益者。当教师不可能成为学生知识学习的直接受益者时，有些教师就以"奉献者"和"布道者"的身份来享受道德层面的收益，这种收益可以让教师现场感觉很好，但并不会给教师带来实质性的影响，比如让自己的工作更有成就感，让自己的教育教学水平有所提高。相反，教师与学生在道德层面上的计较，往往成反比例关系，也就是说，教师越觉得自己在课堂上有道德优越感，学生的道德负罪感就越强；当教师觉得自己在课堂上的唯一收益就是道德收益时，学生对教师心理上的排斥就会更加强烈。

有些教师并不甘于做道德层面的"奉献者"和"布道者"，他们更希望把课堂教学作为自我展示的舞台，更希望把课堂教学作为专业提升的平台。这样的教师看起来很自私，这样的课堂看起来体现了以师为本的理念，但仔细一想，这样的教师在帮助学生学习时，却是最为有效的。虽然不能说这样的教师一开始就是优秀的教师，但这样的教师，其专业前程却是无限的，对学生学习的帮助也更大。毕竟，这样的教师是不安于现状的，不管他今天的课有没有上好，明天的课肯定会有新花样；不管他今天是不是好教师，明天的他肯定比今天更好。对学生来说，今天教师的帮助不到位，就意味着自己要好好学习了；明天教师的帮助到位了，就意味着自己的学习可以更上一层楼了。如果教师在课堂教学中只是坐享"奉献者"和"布道者"的道德优越感，那么即使他天天都在奉献，奉献出来的成果也是一成不变的。教师对学生的帮助水平不变，学生还要天天承受"无偿占有者"的道德压力，相信这样的课堂不是学生希望的课堂，学生对这样的课堂也不会有更多的期待。

三、让"教"与"学"各为其主

学生去的是"学校"，去学校的目的是"上学"。可是，他们到了学校以后，情况却发生了翻天覆地的变化，他们进的是"教室"，学的是"教材"，哪怕是自己在考试中取得的成绩，到最后也变成了教师的"教学业绩"。当然，这样讲对教师似乎也不公平。对教师来说，自然是天天去教室，拿着教材，对学生进行教学，这是天经地义的事。所以，教与学本身就是融于一体的，如果非要把两者拆开来，一是根本就做不到，一是不管是对教，还是对学，都是莫大的伤害。尤其是在课堂教学中，教与学天然地融为一体，要是把教师的教与学生的学分开来，那么，学生就不必到教室来学习，教师也就不必到教室来教学了。

虽然在课堂教学过程中把教与学分开是异常艰难的，也是没有必要的，但对于教与学的目的，不管是教师还是学生，都要非常清楚。学生天天到学校来上学，天天到教室来上课，上学和上课既不是为了学校提高办学水平，也不是为了教师提高教学业绩，而是为了自己学习知识与提高能力。尽管在这个过程中学生为了更有效地掌握知识和提高能力，需要与教师的教学保持协调一致，需要和同学的学习进行互动，但目的仍然在自己身上。对教师来说也是如此，教师天天都到学校来上班，天天都到教室去上课，上班与上课的目的，是如何提高课堂教学水平，是如何在课堂教学中寻找到属于自己的成就感和幸福感。尽管在这个过程中，课堂教学对学生知识的掌握和能力的提高会有帮助，对学校办学水平的提高会有助益，但这些都应该是教师课堂教学的附属功能，而且，随着教师课堂教学水平的提高，这些附属功能会发挥得更好。当教师因为连续不断的课堂教学而不思进取，甚至课堂教学水平不断下滑时，就证明教师天天上班和上课的目的没有实现，自然，那些附属功能也就难以实现。

在现实生活中，人偷懒最好的办法，就是把原本应该由自己完成的任务，说成是替别人完成任务。这样一来，哪怕没有完成应该完成的任务，只要努力了，或者只要做过了，就会因为"助人为乐"的高尚品德，而抵挡住他人对自己的指责和惩罚。而且，随着时间的推移，自己也会在心里接受这样的事实，那就是只要为别人做了一点事，就对得起对方了，至于事情是否做得到位，是否对自己有帮助，就都不是问题。因此，在生活中经常出现目的错位的情况，比如，教师认为自己的课堂教学不是为了自己，而是为了学生；学生认为自己的课堂学习不是为了自己，而是为了教师，当然，还为了学校和家长。于是，不论教师教得好还是坏，只要教了，就对得起学生了；不论学生学得好还是差，只要学了，就对得起教师、学校和家长了。

当学生认为学习是为了教师、学校和家长时，我们就很难相信学生会在学习中全力以赴，更不要说会在课堂学习中主动探索和研究了。大家可能会觉得奇怪，为什么学生会认为学习不是为了自己，而是为了教师、学校和家长？既然是学习，自然是为了自己，不管是知识的掌握，还是能力的提升，都是对学生自己有利的事情。然而问题在于，我们最终判断课堂教学是否有效，并不是看学生掌握了多少知识、提高了什么能力，而是看学生在考试中取得了多少分数和成绩。其实，用考试成绩来评价学生掌握了多少知识、提高了什么能力，也不是一件错误的事情，问题在于我们把考试成绩当作教师的教学业绩，当作学校的办学政绩，当作家长的面子。当教师把学生的考试成绩视为自己的教学业绩时，当学校把学生的考试成绩视为自己的办学政绩时，当家长把学生的考试成绩视为自己的面子时，学生自然就会认为学习不是为了自己，而是为了帮助教师提高教学业绩，帮助学校完成办学政绩，帮助家长光耀面子。既然是为了教师、学校和家长，自己就没有必要那么主动、那么认真地学习了。只要每天都去了学校，每天都上了课，每天都完成了作业，就对得起教师、学校和家长了。至于是否对得起自己，反倒不是一个问题，更不会有学生去追问了。

同样的道理，当教师认为教学是为了学生时，就会认为只要自己每天都去上课了，只要自己每天都把作业改完了，就对得起学生了。至于自己每天是否过得有意义，自己在每堂课中是否赢得学生的尊重与爱戴，自己是否能够从每堂课中完成经验的总结与提炼，自己是否能够从每堂课中获得成就感，就另当别论了。是当然更好，不是似乎也无所谓，只要对得起学生就可以了，至于是否对得起自己，并不重要。这样的想法看起来特别崇高，其实却特别无奈，因为这样的结果，往往会因为让学生错失更好的学习机会而对不起学生，也会因为浪费自己的青春和智慧而对不起自己。因此，要真正地提高课堂教学效率，教学技巧是需要的，学习策略也是需要的，但最重要的并不是教学技巧和学习策略，而是教师和学生都要找准自己的定位，并朝着自己的目标前进。

2. 莫把课堂当秀场

　　十年树木，百年树人，这既是对教育重要性的认可，也是对教育责任的赋予。百年树人，要求教育必须从长计议，要求我们对教育要有足够的期待。教师是实施教育的人，学生是被教师教育的人。如果我们认可"百年树人"，就为学校教育的评价带来了问题，既包括对作为教育者的教师教学业绩的考核，也包括对作为受教育者的学生学习成绩的考查。既然是"百年树人"，就意味着教学业绩与学习成绩并不在当下表现出来，而需要一个漫长的过程；在当下表现出来的东西很可能只是表面的、外在的教育结果。可是，如果我们不能够用当下的教育现象与成绩来评价教师与学生，又如何来评价当下教学过程的优劣呢？更为关键的是，我们如何来判断教师是不是优秀的教师，学生是不是优秀的学生呢？当前学校采用的考评指标对教师与学生究竟是在引导，还是在误导呢？

一

　　尽管我们对教育成效要有所期待，但这并不等同于可以放任教学过程。为了对学生负责，尤其是对学生的长远发展负责，我们必须强化教师的教学行为与教学过程，以确保教师的教学行为与教学过程是以学生为本的，是具有教育效率的。既然我们无法用眼前的教育现象与教学业绩来评价教师与学生，那么，将教育评价的重心从以教育成效为标准的终结性评价，转变为以教学过程为标准的过程性评价则是非常必要的。这个转变是善意的，也是富于理性的。

当把教学过程作为评价教师教学业绩的标准时，我们仍然希望教师将教学目的放得更加长远，以符合"百年树人"的教育规律。然而，受到教学时间的限制，学校对教师教学成效的评价无法延伸到"百年之后"，所以，教师以"百年树人"为己任只是一个希望。至于教师是否以此为教学目的，并没有被纳入教学考评的范围，也不可能被纳入教学考评的范围。对理性的教师来说，既然"百年树人"并没有被纳入教学业绩的考评范围，他还有必要将教学重心寄托在它上面吗？尽管"百年树人"是那么正确，但与学校的考核指标比起来，却显得那么脆弱！而且，随着教学评价对教学过程的关注，尤其是对当下教学业绩的关注，评价指标的威力使得教师无法把教学眼光放得更为长远，使得教师很自然地将教学结果从长远的"百年树人"转变为眼前的"教学展示"。

像这种由于评价标准的转换而变更工作目标的事情，在管理学中并不少见。以韦伯的科层制为例：管理制度要求政治官员以更好地服务于民众为目的。为了确保并监控政治官员的服务过程，人们为政治官员的行政过程制定了若干规章制度，于是，政治官员的服务目的发生了转换：他们不再以服务于民众为目的，而是以遵守规章制度为目的。尽管规章制度的本意就是引导政治官员更好地服务民众，但规章制度总是适应当时的情境而制定的，随着情境的变化，规章制度必然会落伍。而这时政治官员仍然以遵守规章制度为目的，而不会考虑服务民众这个真实的目的。与此相应，今天的教师，原本应该以"百年树人"作为自己的教学目的，但教学评价标准的设立，使得他们迅速地转变为以追求"教学评价标准"为自己的教学目的，哪怕明知教学评价标准已经落伍了，也不敢真正将自己的教学行为转向"百年树人"。

二

事实上，我们并没有把这个问题当作一个问题来看，道理很简单：政治官员遵守了规则，他不就更好地服务民众了吗？与此同理，教师把教学过程搞好了，教育成效不就更为彰显了吗？这种逻辑是把手段与目的相等同，可事实上两者有着本质的区别，也经常发生错位。我们以李宗吾先生在他的《厚黑学》中举的"锯箭法"为例。有一位士兵被箭射中了，于是去找医生看病，最先去了外科，外科医生看了看伤势，然后拿了把锯子过来，把皮肤以外的箭锯掉了，说这样就可以了。士兵说，箭还嵌在皮肤里面哪，这怎么算治好了呢？外科医生说，我没有说治好了呀，我是说我的任务完成了，既然箭在皮肤里面，你就去找内科治啊。虽然外科医生完成了自己的任务，可对病人来说，不但病没有治好，反而雪上加霜。虽然这个例子有点偏激，我们的教师也不可能以这样的心态面对我们的学生，可如果我们允许教师把教学过程与教学目的相等同，就等于为教师采取这种举措提供了制度空间。至于教师是否这样做，那是另外一个问题。但他在这种制度下可以这样做，却是一个事实。初中教师只要保证学生中考考好了，谁还管他高考一定考得好呢？高中教师只要保证学生高考考好了，谁还管他的性格与综合素质是否适应这个社会呢？

让我们回到课堂教学中来。当前学校对教师的考评内容主要集中在两个方面：一是学生的考试成绩，一是课堂教学表现。尽管很难将这两个方面与"百年树人"挂起钩来，但我们此处分析的是"课堂教学表现"，所以只好把"考试成绩"暂时搁置起来。教师的课堂教学原本是服务于"百年树人"的，但是当我们把课堂教学表现作为评价教师教学能力高低的标准时，课堂教学中的表现就成为教师追求的教育目的。下面，请允许我们分别从公开课与日常课来看这种"目标转换"是如何完成的。

今天的公开课，已经成为尽人皆知的表演课，不但备课内容要在备课组里共同商议，就连上课的环节与细节也都是备课组事先敲定的。为了确保公开课成功，上课教师往往要在同一年级的班级巡回"演出"若干场，然后再挑选同一年级最好的班级进行正式"表演"。这个过程的确可以锻炼教师的教学能力，可在锻炼教师教学能力的同时，却也让公开课丧失了日常性与真实性。这样，教师教学能力的竞争，就从不断提高课堂教学能力、诊断课堂教学中存在的问题，转变成关注表演性课堂中的作秀技巧，这一转换的损失远大于教师教学能力的提高。

我们再来看学校的日常课。日常课原本是教师自己的地盘，可是，学校听课制度的推行，尤其是"推门听课制度"（即学校中层以上领导可以随时推开正在上课的教室门并进入学科教师的课堂听课）的实行，使得教师在日常课中，也要时刻准备着有人来听课。于是，讲课的内容开始从以学生为本，转向以听课人为本。表面上，学生与听课人的评价标准是一样的，可事实上学生只需要课堂教学能够实在地帮助他们学习，至于教师采取什么方法并不重要；而在听课人看来，评价课堂教学是有特定标准的，而且这些标准往往是有固定模式的，比如，课堂上不能没有互动但又不得吵闹，课堂提问不能太多也不能太少，课堂上一定要用多媒体，不管你是讲秦始皇还是讲三角函数。于是，哪怕是日常课，也是以听课人为标准的，为了达到这个固定模式的要求，比如一定要按照课程改革的理念、一定要落实新课程原则，等等，教师上课时不得不将重心放在关注自己的行为与固定模式间的匹配性上，而对课堂教学与学生学习适合与否则只好暂时忽略。于是，课堂的目标从学生与教师身上，转向外在于课堂的教学评价标准上，教师与学生在外在于课堂的教学评价标准面前尽显弱势。

三

在此，我无意反对课堂教学过程评价的重要性，更无意反对课堂教学本身的重要性，只是对当前课堂教学过程评价的内容与形式持有强烈的反对态度。课堂教学是重要的，课堂教学评价也是必要的，问题在于由谁来评价课堂教学，以及用什么标准来评价课堂教学。如果课堂教学过程评价的内容发生了错位，课堂教学过程评价的形式变得呆板，那么，这本身就是对课堂教学重要性、课堂教学过程评价重要性的否定。

不但可以将评价分为终结性评价与过程性评价，还可将其分为自我评价与他人评价。我并不反对课堂教学的过程性评价，但反对课堂教学的他人评价。教师作为教学专业人员，根据学生实际情况与课堂环境，对课堂教学进行决策与执行，这是教师拥有的专业权利。所以，教师的课堂教学是专业性的，也是个性化的，而且，因为有了个性化的课堂教学，才可能在课堂教学中寻找到生命的活力，才可能在课堂教学中寻找到人性的归宿。有的教师上课沉闷不已，可他的教学效果却非常显著；有的教师上课如行云流水，可学生的学习成绩却不见长。为了解释这种现象，就只好说前者搞应试教育，后者搞素质教育。其实，这是因为教师的教学性格与教学个性不同。虽然课堂教学有应试与素质之别，但还不至于把教师也分为应试教师与素质教师吧？

课堂教学作为一线教师的生命线，其重要性不言而喻。如果他人说某某教师上课不行，那无疑是断了这位教师的教学职业生命。然而，课堂教学不是教师独自可以掌控的：课堂是教师教学的一线，也是学生学习的一线。因此，我们必须回答一个前提性问题：在课堂教学中，是以教学为主导，还是以学习为主导。教学是个"偏正短语"，教是为了学而存在的，甚至教的业绩不在教上得到体现，而在学上得到展现。因此，教学是服务于学习的，教学本身的完美程度，并不是评价教学效果的标准；真正体现教学能力高低的，应该是学生的学习绩效，而不是教学表演。对于学习绩效，我们应该有一份期待，所以，我们对教师的教学能力，也必须有一份期待；对教师的课堂教学，则必须有一份宽容，当然，这不是放纵。其实，在赋予教师以教师资格证的时候，我们就已经认可了教师的课堂教学能力；在教师走上课堂教学岗位之后，我们就不应再去考核他的教学水平，而应该花大力气去激励他更高效地发挥课堂教学能力。

当我们将课堂教学评价权利归还给教师本人时，教师是否真的会对自己的课堂教学负起责任呢？在法律上，权利与义务总是对等的。如果评价课堂教学的权利在学校管理者那儿，那么，教师的教学目的就是完成学校管理者规定的课堂教学标准，也就是说，教师只对学校管理者负责，既不对自己的教学专业发展负责，也不对学生的学习过程负责。如果课堂教学的权利回归教师，那么，教师的教学目的就是对自己的教育目的负责，而要实现自己的教育目的，就必须对学生负责。从逻辑上，我更相信对自己与学生负责的教师，而不是对学校管理者负责的教师。当我们把课堂教学评价标准从课堂教学过程转移到学生学习业绩上时，是否会导致教师追求应试教育？姑且不论应试教育与素质教育之间是否有鸿沟，如果将课堂教学评价标准定位在教师的课堂教学行为与过程上，教师就不得不对自己的教学行为与教学过程负责；可如果我们把课堂教学评价标准转换为学生的学习业绩，那么教师的教育教学就必须对学生的学习负责。所以，从教育效果来看，我更相信对学生负责的教师，而不是对教学规章制度负责的教师。因为前者以实现教师教学价值为导向，后者以完成学校教学任务为目标，虽然个人的教学价值并不一定大于学校教学任务，但它必定优先于学校教学任务。

3. 课堂教学只是教师的脸面而已

对于教师而言，课堂犹如人的脸面那样重要，不能有丝毫的污点。虽然脸面对于人非常重要，但人也不能只为了脸面而不顾及其他。盲目追求脸面的美，这是虚荣；只是追求脸面的美，这是虚伪！脸面是人的所有内在品性的集中表现，所以我们说脸面是重要的。但从实用性来说，它似乎又不甚重要。当一个人独处时，漂亮的脸面就完全丧失了价值。而且，如果一个人只靠脸面为生，我们也不会对这个人有好的印象。看来，脸面是拿来给别人看的，对于一个人来说，重要的并不是脸面，而是透过脸面表现出来的内在品性。

一

课堂重要吗？这是肯定的。课堂不仅仅是教师的脸面，还是学生的脸面，是教师与学生共同的脸面。正因为课堂有着如此重要的地位，所以课堂教学质量的好坏，成为教师能否生存的决定性力量。正因为课堂如此重要，所以教师死守课堂，学校紧盯课堂。

学校里有教研室，其全称是课堂教学研究室；学校中有备课组，其全称是学科教学备课组。这两个部门的职责，就是对教师的课堂教学进行研究、准备、诊断与优化。每到一所学校，对方最乐意向你展示的，就是公开课、示范课；每参观一所学校，自己最想做的事，也是去听教师的课。课堂，是学校的前线，寸土不可丢，寸步不可让。据说，在民间有一种判断教育专家真伪的方法，就是让教育专家到中小学上一堂课，以此检验他的教育理论的正确性。这种方法本身效果如何尚待考评，但多少反映出了学校与教师对课堂教学有多么重视。

看到大家把课堂放到如此崇高的地位上，笔者或多或少有些吃惊。虽然现在有人为了拥有更美丽的脸面，愿意在脸上大动干戈，重整家园，有人为了在脸面上留住青春，愿意破大费、受大苦，但在常人看来，脸面的好与坏，不是自己可以选择的，也就是说，不能由自己来承担脸面不好的责任，那么又何必去受这份苦呢？再说，青春易逝，非得与自然规律对着干，不等于自己为难自己吗？正因为这样，与其在脸面上大做文章，还不如在内在品性上花更大的气力。由内而外的美，应该比由外而内的美，更为可靠持久。不是常说"人是因为可爱才美丽，而不是因为美丽才可爱"吗？可爱是美容与手术换不来的，它是内在的美。

二

要让教师上好课，守住自己的脸面，只是简单地强化教师的课堂教学技能技巧，这不等于让教师在脸面上大做文章吗？从美容的实际效果来看，这种只重脸面而不要内在品性的做法，是达不到目标的；长此以往，反而会让人变得更加虚伪与虚荣：只要课堂上过得去，课堂背后的东西就不再重要了。可是，人能够只需要脸面吗？在今天的教育实践中，我们往往就课堂论课堂，这种研究课堂的模式，与人类只研究美容而放弃内在品性的塑造，是何等相似！

要提高教师课堂教学的质量，我们去听教师的课，并对他的课堂教学提出具体的指导意见，这样，真的能够让教师真正地改善与优化自己的课堂教学吗？比如，我们去听一位教师的数学课，他上课最大的问题是逻辑混乱，这既表现在一堂课的结构安排上，也表现在对于具体例题的讲解上。于是，我们善意地对他提出这个问题：以后上课要注意逻辑，只有逻辑清晰了学生才有可能听懂。然而，我们下次再去听他的课时，问题依旧！于是，我们就抱怨这位教师过于狂妄不接受意见，或者过于懒惰不纠正问题，或者过于愚笨听不懂我们的意见。其实，这位教师也特别自责，因为他在课堂上已经尽力了，虽然他的逻辑能力没有达到学生与听课者期望的程度，但这已经是他的最高水平了。慢慢地，我们对这位教师丧失了信心。当我们对他丧失信心的时候，他对自己也就丧失了信心。可事实上，教师在课堂上逻辑混乱，有可能是教师课堂教学态度的问题，也有可能是临时决策错误的问题，更有可能是教师个人逻辑水平高低的问题。要彻底解决个人逻辑能力的问题，远不是为他提出问题就可以的，而需要这位教师在课外培养自己的逻辑能力。教师的逻辑能力，在课堂上是培养不出来的，而需要教师看哲学书籍，看逻辑学的书籍。也就是说，要真正解决教师在课堂教学中的问题，需要教师跳出课堂看课堂。

跳出课堂看课堂，不只是对解决上述教师逻辑问题有用，课堂教学中的绝大多数问题，都需要如此解决。教师上课结结巴巴时，有两种可能：一是教师对教学内容不够熟悉，另一种可能是教师的口才不够好。对教学内容不够熟悉，只是要求教师去看教材，去背教学参考书，效果肯定不好。我们常说"要给别人一杯水，自己要有一桶水"。要想熟悉教学内容，还得多看课外书，毕竟教材上的内容多是例文与例题。要触类旁通，教师就需要看更多的例文，了解更多的例题，只有这样，才能归纳、总结知识，才可能借用教材中的例文与例题，还原一个真实的知识结构给学生。如果教师口才不好，这时，对教师的批判越多，他的口才就越难提高。大家都知道，对他人进行批判只会使其产生紧张感。所以，要提高教师的口才，既要培养教师的自信心，这就需要多表扬而不是多批判教师，还要教师多参加课外活动，在课外时间多与人交流、沟通。不管是培养教师的自信心，还是多参加课外活动，都是课堂之外的功夫。

三

曾拜读过一篇文章，题目是"把科研做在课堂上"，这篇文章并没有对如何在课堂上做科研进行详细的介绍，但它的题目却倍受大家推崇。也正是这个题目，让笔者感到很焦虑。首先让笔者害怕的，是大家对这个题目拍掌欢迎的态度。大家接受这篇文章题目的逻辑应该可以推测出来：课堂是教师的教学前线，既然做教学科研，当然应该研究前线作战的策略，而不必去读很多兵书。可大家想想，一个人如果一天到晚只想着研究前线作战的技能技巧，很可能永远都是前线的兵，而"不想当将军的士兵不是好士兵"，因此，他也就难以成为好兵。其次，大家觉得应该向自己与别人开放课堂，将自己的课堂作为研究对象。这也有问题。课堂教学既是教师的脸面，也是学生的脸面，这是极具私密性的，这种私密性既是对师生人格的尊重，也是对课堂教学"专业自主权"的尊重。通过实践观察可以发现，没有几位教师喜欢开着教室的门上课，也很少有教师能够在公开课上获得原生态课堂的精彩。最后，如果教师总是把课堂当作实验室，那么学生成了什么呢？当然，这是课堂伦理问题，而不是科学问题了。

至此，大家肯定要追问笔者，照这么说，教师要提高课堂教学质量，在课堂上就无计可施了吗？当然不是完全无计可施，但可施之计的确非常有限。临时抱佛脚是需要的，但不能对它寄予太多希望。临阵磨枪，的确可以增加士气，但对战争的胜败，还是战争之前的储备与准备起着关键性的作用。因此，在课堂教学中临阵磨枪，固然是需要的，但切莫让它取代对课堂教学的前期准备。

如果真的把上课与打仗相比较，多少会让我们这些搞教育的人感到汗颜。"养兵千日，用兵一时"，可对于教育实践中的教师来说，情况正好相反，我们是"用兵千日，养兵一时"啊。教师的教学工作大致可以分为三个部分：备课、上课与改作业。备课最有利于教师教学能力的提高，也是为教师课堂教学这个脸面充实内在品性的最佳途径。改作业实为对上课的查漏补缺。而教师却要花很多时间去改作业，这足以证明一件事，那就是教师课堂教学的任务并没有落实，课堂教学中的漏洞实在太多。其实，教师应该花时间去备课，而不是无休止地坚持批改作业。在现实生活中，教师在以上三个方面的工作中，花在改作业上的时间往往是最多的；而花在备课上的时间，即使不是最少的，也实在与备课的重要程度不相称。这还只是把备课当作教师上课的一种延伸。如果把教师提高教学能力的过程，都看作是备课，那么，教师欠备课的时间账就实在是太多了。殊不知，教师在备课上多花一分钟，就可以节约每一位学生，包括当前和以后的每一位学生的一分钟；而教师在改作业上多花一分钟，却只能节约一位学生的一分钟，即使效果明显，也不过多节约这位学生几分钟而已。因此，前者的教学效率远高于后者的教学效率！

结合教师的实际生活来看，教师在课堂这个脸面上花的时间与精力的确太多，而在课堂生活的内在品性上花的时间与精力又实在太少。既然美容手术并不能让一个人变得比以前更加可爱，当然就无法让他变得更加美丽。与此相应，只是让教师在课堂中反思与整改，提高课堂教学质量的可能性也就不会很大。跳出课堂看课堂，让我们离课堂远一点，再远一点，我们就能把课堂看得更加清楚与明白；跳出课堂看课堂，让我们消除对课堂已经充溢的感性，培育更多的理性，或许这样才能把课堂从感性的海洋中营救出来。为了课堂教学质量而把课堂教学当作生命中的一切，是一种教育理想，但却是一种善意的固执、一种并不值得称赞的执著。

4. 课堂教学"症状"与"病根"的分野

按照医学逻辑，传统上将医学分为西医与中医，西医以直接与速效著称，中医以间接与系统扬名。如果我们食欲不振，西医往往认为是消化道出了问题，于是将消化道作为医治的对象。而中医则不这么认为，它认为食欲不振很可能不是因为消化道出了问题，而是因为人的生理系统出了问题，消化道只是问题的表露地点，并不是问题本身，于是，中医往往对人的生理系统进行调适，而不是单刀直入地解决消化道问题。两种医疗技术各有优缺点，西医见效快，因此适用于急病或者器质病；中医疗效好，因此适用于慢性病。这两种医疗方式在逻辑上的差异，让笔者想到，我们今天在诊断与治疗课堂教学病症的时候，是不是也有不同的医疗逻辑呢？如果有，那么课堂教学病症应该采用哪一种医疗逻辑呢？

一、从"教学症状"中寻找"教学病根"

什么样的课堂教学才是完美的？对这个问题的答案，并没有共识，也没有统一的标准，但是，对课堂教学的诊断却从来没有松懈过。随着对课堂教学认识的逐步深入，我们已经不仅仅关注课堂教学的具体症状，还将教学研究的重心转向对课堂教学病根的分析上。课堂教学的病症很多，为了更有效地对课堂教学进行诊断，我们习惯把课堂教学病症分为以下三类：课堂教学效率低下、课堂互动匮乏和学生课堂参与度偏低。下面我们分别对这三类课堂教学病症进行病理分析。

课堂教学效率低下与课堂教学设计有关。导致课堂教学效率低下的原因，常常表现在以下两个方面。其一，如果教师将非重点知识当成重点知识，把重点知识当成非重点知识，那么课堂教学效果越好，学习效果就越糟，从而导致学生在学习过程中捡了芝麻丢了西瓜。为此，教师在备课过程中，要根据教学大纲的要求，区分重点知识与非重点知识，提高课堂教学的针对性。区分重点知识与非重点知识非常重要，这是决定课堂教学中何为"正确事情"的根本。其二，教师讲课时思维不够清晰，使得学生很难理解，甚至误解教师的教学意图。为此，教师在备课时，要按照步骤讲解教学内容，并尽可能用清晰的语言表达自己的教学意图，这是要求教师在课堂教学中尽可能"正确地做事情"。其实，课堂教学没有实现预期的效果，要么是教学内容出了问题，要么是教师在教学过程中出了问题。有了以上两个方面的解读，课堂教学效率低下的问题似乎就可以迎刃而解了。

师生课堂互动匮乏，这是新课程推广后课堂教学中暴露出来的主要问题。在应试教育体制下，学生只是被动的知识储存器；而在素质教育中，学生则是知识结构的自主建构者。前者只要求在课堂教学中知识单向传递，后者还要求通过师生互动来帮助学生化学科知识为自己的学习经验。于是，课堂中师生互动匮乏时，要么归因于教师选择的教学策略不对，要么归因于学生对课堂的参与意识不强。总之，师生互动不好，要么是教师出了问题，要么是学生出了问题。

学生课堂参与度低、上课时不认真听课，又是为什么呢？这似乎不是问题，因为学生听课不认真，肯定是学生出问题了。现在的学生要么懒，要么笨，要么既懒又笨。因此，如果课堂教学中教师教的内容深了，学生不喜欢听，是因为他们笨；如果课堂教学中教师教的时间长了，学生不喜欢听，是因为他们懒；如果课堂教学中教师布置的作业多了，学生不喜欢做，是因为他们既懒又笨，那么似乎就可以解释学生课堂参与度低的现象了。

二、远离"教学症状"的"教学病根"

如果我们仔细审视对教学症状的诊断结果，就会发现没有诊断出导致问题产生的根本原因。教师教学思维不够清晰以及对重点知识与非重点知识的混淆，不是对教学效率低下的解释，而是对教学效率低下的描述，两者是同义反复。同样的道理，教师的教学策略不对或者学生的参与意识不强，也只是对师生互动匮乏的描述而不是解释，学生在课堂上表现得既笨又懒，也只是对学生不喜欢听课的具体描述而不是解释，更别说如何解决这些病症了。那么，导致这些教学症状的原因究竟是什么呢？

课堂教学效率低下，表现之一是教师的教学思维不够清晰，那么为什么教师的教学思维会不够清晰呢？这与教师接受的逻辑训练有关。在教师培养的过程中，哲学课程与教育学课程，都是以培养教师的教学逻辑思维能力为主的。那么，教师教学思维不够清晰的原因，就在于教师在专业课程学习过程中的疏忽。因此，要解决课堂教学中思维不够清晰的问题，就必须对教师在这些课程学习中的不足予以弥补。如果课堂教学效率低下表现为对重点知识与非重点知识的混淆，那么问题在于教师对学科知识与教学大纲的理解不够。导致这个问题产生的原因，在于教师对学科知识的学习不够、对教学大纲的领会不够，还无法站在学科高度用学科思维的深度来加工学科知识。因此，要纠正教师对重点知识与非重点知识的混淆的问题，就必须弥补他在学科知识上的缺陷和在理解教学大纲上的不足。由此可见，课堂教学低效的病根，并不在课堂教学本身，而在远离课堂教学的地方，甚至在教师自己接受教育的时候就已经埋下了。与此相应，要解决课堂低效的问题，就必须反省整个过程，追究病根所在，而不是在课堂教学行为上纠缠不休。

师生互动的匮乏，主要表现为教师不够投入，或者学生参与不够。然而，为什么教师不够投入呢？为什么学生对课堂教学的参与不够呢？教师之所以选择不与学生互动的教学策略，并不是因为教师没有想到或者不知道师生互动的益处，而很可能与教师的个人经历和知识储备有关。比如，如果教师在课堂教学中选择师生互动的策略，其教学重点就将放在学生身上。然而，对于还没有足够熟悉学科知识的教师来说，这是做不到的。笔者在1998年给函授班的教师上课时，由于班上最年轻的学员都比我大三岁，所以我根本就不可能采取与学员互动的教学方式。这不是因为我不明白师生互动的益处，而是因为受到客观环境与个人能力所限，无法选择师生互动的教学策略。所以，教师是否选择与学生互动的教学策略，远不只是课程设计的问题，真正的根源在于教师对教学内容的熟悉程度、教师的自信程度和教师对学生的了解程度等隐藏在课堂教学背后的因素。学生之所以对课堂教学的参与不够，不仅仅是由于他在课堂上很被动或者态度消极，也可能是由于长期受到"尊师传统"的影响，也可能是由于对这位教师不满，也可能是由于在以前的学校接受的是"沉默是金"的教育，也可能是由于在家里就不被允许在大人发言时插话，等等。所以，学生是否愿意参与课堂教学，并不在于他是否意识到应该参与，而在于他的受教育经历以及整个教育环境是否提供或者鼓励他参与，很多因素已经超越课堂教学的范畴，甚至超出了学校教育的范畴。

学生上课不认真，虽然我们可以将这个问题归因于学生懒惰与愚笨，可是学生为什么会变懒惰呢？为什么会表现得愚笨呢？当我们面对自己不感兴趣的事情时，不但会厌烦，也懒得理睬；当我们面对远离自己专业的东西时，不但会感到陌生，也会表现得弱智，比如，面对医生时我们除了信任别无他法，电脑坏了时只能叹息与求助。因此，学生的懒惰与愚笨，是相对而言的。导致学生懒惰与愚笨的原因，就在于学生对课堂教学内容与教学方式的适应性差和接受程度低，这可能与学生以往的受教育方式有关，也可能与学生在家庭中接受的教育态度有关。其实，一个人面对自己感兴趣的事情时，可以用积极的态度来替代懒惰，也可以用勤奋来弥补愚笨。

三、用系统策略消除教学"病症"与"病根"

教学病症主要表现在课堂教学过程中，而教学病根往往在课堂教学过程之外，甚至远离课堂教学过程。因此，要消除课堂教学病根，恢复课堂教学的健康状态，就必须采取更为长远与更为系统的方法和策略。也只有长远与系统的方法和策略，才可能彻底治愈课堂教学病症，继而建构健康课堂。因此，我们只有采取中医的治疗之道，才可能将课堂教学中的病症全面而又彻底地治愈。

第一，要从提高教师教育教学能力的角度，来解决课堂教学中存在的教学问题。课堂教学中的确有教师对教学策略选择不当的问题，也的确有教学组织形式不适当的问题。而教师对教学策略的选择、对教学组织形式的决定，取决于他的教学判断力与教学理解力，这与教师的理论高度与实践能力相关，受制于教师的教育教学能力。因此，只有从教师能力的角度着手，才可能让这些看似简单的表层的问题，得到彻底的解决。如果仅仅把教学问题归因于态度或者偶然性的选择，那么，就不可能有效地解决这些问题，更不可能消除问题的病根。

第二，要从改善教育教学的制度系统的角度，来解决课堂教学过程中的互动问题。课堂教学中的师生互动，不仅仅取决于教师的教学，也不仅仅取决于学生的学习，而取决于课堂教学给予教师与学生的共同影响。当课堂教学的所有教学责任都由教师承担时，教师就不得不主导课堂，这时学生就没有必要参与课堂而浪费自己的精力；当课堂教学的所有学习责任都由学生承担时，教师就可以放任课堂，这时教师就可以游离于课堂之外，让学生处于散漫的课堂氛围之中。因此，只有建构一个师生"共赢"与"共责"的制度系统，才可能将教师与学生引入课堂之中，让双方真诚地互动起来。

第三，要从如何诱发学生学习动机的角度，来解决学习动机缺位的问题。我们不能天然地认为，学习应该是学生的任务，因此学生必须为自己的学习承担责任。其实，只有让学生体会到学习过程中的内在幸福，体会到学习过程中的自我实现，他才可能全心投入学习过程之中。如果我们简单地把"书中自有黄金屋，书中自有颜如玉"理解为"读了书就可以获得用黄金建造的屋子，读了书就可以获得面色如玉一般的美女"，那么，学生对读书永远都会持被动的态度。只有把"书中自有黄金屋，书中自有颜如玉"理解为"读书的感觉，就像住在黄金筑的屋子里，就像娶了面色如玉的美女一样幸福"，并且让学生获得这样的感觉，学习才可能变得富有激情。

5. 老师，您把自信搁在谁身上了

　　每一位走上讲台的教师，都充满了自信，也必须拥有自信。因为丧失了自信的教师，也就丧失了自己的课堂。然而，教师的自信不是天生的，它需要教师去培育，更需要教师自己去夯实。我们面对教师群体时，会不由自主地想到"教师是蜡烛，燃烧了自己，点亮了别人"这句话。蜡烛的精神是可贵的，可如果教师真的成了蜡烛，随着蜡烛燃烧时间的延长，不但点亮不了学生的人生，反而会让教师自己失去生命的本色。如果教师只是不断地容忍教学实践蚕食自己在学校中获得的"知识老本"，教师的自信又能够坚持多久呢？

一

　　曾经遇到过一位有思想、有抱负的高中教师，问他在中学教育中的价值追求是什么。他颇为困惑地答道："我们中小学教师还有什么价值追求呢？"我解释道："价值追求就是你当了一辈子中学教师，达到什么样的结果才会让你觉得此生无憾。"此时他自信地说道："力争培养二三十个考上清华或北大的学生，此生也就无憾矣。"当我问及"现在已经培养了多少"时，他答道："已经培养了七八个，至此也已经不易了。"笔者追问"这七八个清华或者北大的学生是如何培养的"，他一时语塞，自言自语道："清华或者北大的学生是如何培养的，这怎么知道呀？"

次日，我与这位教师所属学校的校长相遇，本想好好向这位校长夸奖一番这位有如此抱负的教师。于是，我对校长说道："听说你们学校某某老师还是挺有抱负与成就的。"谁知，校长面带微笑问道："你是怎么知道他挺有抱负的呢？"我说："一位以培养二三十位清华或者北大学生为己任的中学教师，难道还不够有抱负吗？一位已经培养了七八位清华或者北大学生的中学教师，难道还不够有成就吗？"校长则淡淡地说道："这家伙又在搞个人英雄主义了，这七八位清华或者北大的学生，就他一个人可以培养得出来吗？还要培养二三十个清华或者北大的学生，这不知会抢了多少教师的功劳，会伤了多少教师的心。"至此一位教师的自信与抱负，就在学者的追问中丧失了，就在校长的批评中沉沦了！可是，究竟什么才是中小学教师的职业抱负呢？

曾问过不少教师他们的自信来自何处，他们都不由自主地提起自己曾经培养过的学生有多大的出息。可当我再追问这些学生与他是否还有联系时，多数教师都感叹这些优秀的学生翅膀硬了也就飞远了。看来，教师将自信建立在学生身上的确是靠不住的。当然，这并不意味着反对教师去培养优秀的学生，而是希望教师不要将自信建立在优秀学生身上，而应该建立在获得培养优秀学生的方法与知识上。因为优秀学生远走高飞是必然的，而教师培养优秀学生的方法与知识却在自己身上永驻。短时的成功是幸运，只有长久的成功才是能力，而能力才是自信的根本。如果将自信建立在幸运上，那么，这种自信自然靠不住，为他人所质疑也是必然的。

二

曾经有幸参观过扬州中学的百年校庆展，这所学校因为百年校庆而面貌一新，也因为有诸多著名校友而尽享盛誉。朱自清先生曾经在这所学校任教，江泽民先生曾经在这所学校求学，作为江苏省曾经的四大名校之一，这所学校的历史令每一位参观者顿生敬仰之情。站在诸多著名校友与名师的图片面前，笔者思索着这所学校为什么曾经那么辉煌，为何现在又离曾经的辉煌那么遥远，这所学校曾经的辉煌靠的是什么。

在一次偶然的机会中，我遇到曾任扬州中学校领导的老教师，向他问及扬州中学为何在新中国成立前后能够培养出一大批知名的校友。尽管时间已经久远，但这位长者依然很兴奋地告诉了我两个理由：一是当时的扬州没有大学，甚至江苏省内大学都是少有的，因此中学就成为当地的最高学府，扬州以其名望集聚了一大批文人，而这些文人曾经都在扬州中学任教过。二是扬州中学在新中国成立前后就可以大量使用英文教材给学生上课，这些课程上的创新培养了一大批人才，而这些人才又成为新中国现代化建设的栋梁。不知道这位长者告诉我的理由是否确切，但这却让我明白了一个道理：一所学校成功与否的标志是培养了多少人才，而这所学校培养人才的过程一定有她自己的内在规律。因此，一所学校的自信表现为培养了优秀的人才，而真正让一所学校自信的却是她培养优秀人才的内在规律。

与此相应，连战先生访问北京大学时，北京大学赠送连战先生的礼物，是他的母亲在北京大学求学时的学籍。原来名校之名，不仅在于培养出了优秀的学生，更在于能够说出优秀的学生是如何培养的。后者比之于前者，要付出数倍的艰辛。如果今天的学校只是为了简单地"催熟"学生，那么，这既浪费前辈们为我们留下的教育智慧，又愧对后人，因为我们今天的教育方法是那么的肤浅与功利。

三

对教师来说，培养出优秀的学生是对自己教学成果的认可，也是学生学习绩效的表现，更是师生共同奋战的战利品，因此而获得的教育自豪是理所当然的。只是让我们困惑的是教师往往将由此获得的自豪转变为自信，这就阻碍了教师专业发展的通道，毕竟自豪是无法替代自信的。随着学校优秀学生的离去，他们带走了教师的青春、智慧与美貌。在这种情况下，已经不再有青春、不再有智慧、不再有美貌的教师，除了对优秀学生感到自豪以外将一无所有。教师的这种奉献精神是值得称赞的，但随着教师教龄的增长，其前期的奉献行为却给后来的学生带来了不利的教育条件；更为严重的是，他还因为奉献而错失了专业发展的机会。

教育是一个需要爱心的事业，是一个讲求奉献的行业，而如何使用自己的爱心，如何更有效地利用"奉献"，并将自己的爱心与奉献打造成自己独有的教学专业能力，这本身就是教师应该具有的智慧。而教师的自信应该在教育智慧中生根发芽，而不能建立在因爱心与奉献的丧失而获得的自豪中。所以，教师的自信是应该的，更是不可或缺的，问题在于，教师不应该把自信搁在学生的肩上！这对学生来说，是一种负担；对自己来说，是一种专业上的逃避。

面对学校，我们有着很多疑惑。现代学校制度建立已将近一百年，许多学校都在庆祝自己的百年校庆，都在整理自己的办学历史，都在回顾与收集著名校友的史迹。可是，当学校回顾这些著名的校友时，是否在弄清楚他们现在与过去作出过哪些丰功伟绩的同时，也总结出了他们在学校中接受的什么教育造就了他们辉煌的人生，以及他们当时在学校接受的教育适合不适合今天的学生呢？百年校庆的荣耀，自然建立在著名校友的身上，可学校自己的荣耀，若离开了对以上问题的追问，岂不是会随着这些校友的离去而逐步散去？学校以校友为荣无可非议，但学校的自信仍然应该建立在自己卓越的教学水平与管理能力之上，只有这样自信，才不会因荣耀而牺牲学校的办学水平。

6. 奠定课堂教学的理论底色

对于教育理论研究的失望，我们已经不用再掩饰，当然也是掩饰不了的。教育理论研究往往是自言自语，以自己的逻辑来"吆喝"教育实践，这不但没有优化教育实践，反而让教育实践疑云重重。于是，呼唤扎根于教育实践的教育理论，呼唤能够切实改进教育实践的教育理论，已经成为教育理论界与教育实践界的"共同愿景"。

一

然而，教育理论对教育实践的切入点又在哪儿呢？课堂教学成为"当仁不让"的答案。课堂教学几乎是教师职业生涯的全部，备课是为了搞好课堂教学，上课是实施课堂教学，批作业是巩固课堂教学。因此，扎根于教育实践的教育理论研究就等同于研究课堂教学的教育理论研究；改进教育实践的教育理论研究就等同于改进课堂教学的教育理论研究；甚至于真正的课堂教学研究者，也必须以课堂教学为阵地，否则，就不具备教育理论研究的前提条件。

可是，对课堂教学如此强调，反倒让我感到困惑。既然教育理论研究就是课堂教学研究，那么，为什么天天在课堂中的教师没有成为教育理论研究者呢？为什么指导课堂教学的教育理论并没有在课堂教学研究中诞生呢？与此相反，大家对课堂教学关注程度的加大，课堂教学研究成果的逐渐丰富，并没有增加教师对课堂教学的确定性，反倒让他们对课堂教学越来越困惑。今天的课堂教学研究，要么要求教师的课堂教学要动态生成，要么要求教师的课堂教学要激情洋溢，要么要求教师的课堂教学要魅力四射。将这些研究成果与赫尔巴特的四段教学法（明了、联想、系统和方法）相比，它们对课堂教学的煽动性更强，而对课堂教学的指导力却更弱。当我们仔细研究从课堂教学中走出来的名师时，可以发现虽然他们的职业形象深深地打动了我们，但他们获得成功的经验却是我们无法复制的。今天的课堂教学究竟应该仍然行进在追求课堂明星的路径上，还是应该重返课堂教学研究的道路，已成为值得我们深思的课题。

二

对教育理论研究，我们不能寄予太多希望。曾经听过"世纪大讲坛"一名医学专家的讲座，他说对于人体病情的恢复，医学只能起到 8% 的作用，其中 92% 是靠人体自身的免疫力。也就是说，发挥 8% 的作用就是对专业性非常强的医学的定位。尽管医学只能起到 8% 的作用，但是医学却在不断进步。毫无疑问，今天的医学比起一百多年前的医学，已经为身体疾病的治疗与身体保健提供了更大的确定性。对于教育理论研究，尤其是对于教育理论研究者，我们寄予的希望很高。可是，寄予的希望越高，教育理论承诺的越多，教育理论给予教育实践的打击就越大，教育实践对教育理论的失望也就越彻底。赫尔巴特可能想不到，一百多年过去了，尽管对他提出来的系统教学法批评不断，但对课堂教学的研究不但没有更加客观与确定，反倒更加抽象与煽情。

教育实践对教育理论的过度失望，又大大地降低了其对教育理论研究的期望值，认为只要能够提高课堂教学效率的研究，都是不错的教育研究；不能提高课堂教学效率的研究，都是错误的教育研究。是不是将教育理论研究限定在课堂教学研究上，就能提高教育理论研究的有效性与针对性呢？让我们先来看一个例子。曾经我问学生："你们认为，人、马和汽车相比，哪个跑得最快？"学生异口同声地回答："当然是汽车跑得最快，马次之，人最慢了。"可是，在我限定范围之后，答案就完全不一样了。我接着问："在十米之内，哪个跑得最快？"学生答："当然是人最快，马次之，汽车最慢。"我再问："在五十米之内，哪个跑得最快？"学生答："当然是马最快，人次之，汽车最慢。"我再追问："在千米之外，哪个跑得最快？"学生答："当然是汽车最快，马次之，人最慢。"那么，将教育理论研究限定在课堂教学中，是否能够让它跑得最快呢？

课堂教学是教育教学活动的主阵地，谁放弃这块阵地，就意味着谁将退出这场无声的战争，就意味着谁将是教学职业的失败者。可是，要搞好教育教学活动，是否就意味着我们必须天天站在这块阵地上呢？与此相应，如果我们关注并解剖课堂教学，是否就意味着一定能够搞好课堂教学呢？我们借用战争这个不甚恰当的例子来解释教育理论研究范围的抉择问题。在战争中，最重要的阵地要用士兵的鲜血与生命来捍卫；而对于阵地战的指挥与策划，则必须在离阵地一定距离的指挥部进行，而且是借助于地图，借助于军事家们的军事思想，借助于历史上的兵书进行的。我们并不希望把教育当作一场人与人之间的战争，但如果我们把学习困难当作敌人，进行一场战争就势在必行了。在这场教育与学习困难之间的战争中，我们应该把"司令部"与"指挥部"建立在哪儿呢？用今天教育理论研究的逻辑来看，既然我们谋划的对象是阵地战，那么当然应该建立在阵地上了。可是，如果我们真的把"司令部"与"指挥部"都建立在阵地上，那么，战争的结果也就不言而喻了。

如果教育理论研究只是"汽车"，而你却把它当飞机使用，那么最后的结果肯定是"汽车"与"人"同归于尽。如果教育理论研究是"汽车"，你把它用于百米之内的货物运输，它就等同于拖车；假如你把它用于十米之内的货物运输，它不但起不了作用，反而会成为累赘。在笔者看来，以前之所以对教育理论研究过度失望，是因为我们把教育理论研究这辆汽车当成了飞机，不但教育实践界是这么认为的，教育理论界更是这么认为的。当教师们发现这辆汽车飞不起来的时候，就对它极度失望，于是又把它当作"马拉车"使用。然而，教育研究并不会因为你把它当作"马拉车"就失去其汽车的本性。当我们把汽车放在"马拉车"的道路上时，它仍然无法正常地发挥功能。因此，教育理论研究应当有自己的阵地，更应该有自己的理论范围。如果我们把教育理论研究仅仅置于课堂教学之上，那就等同于将"司令部"与"指挥部"放在阵地上；如果我们不希望教育理论研究去研究课堂教学之外的东西，尤其是那些形而上的东西，就等同于不允许我们的阵地战指挥官用地图，也不准他们用兵书上的思想，只允许他们考虑士兵如何开枪和如何拼刺刀。如果我们将教育理论研究限定在如何让课堂更完善上，就等同于将汽车用于十米或者五十米之内的货物运输。

三

难道因为教育理论研究有自己的阵地与范围，就可以脱离课堂教学了吗？不是，绝对不是。教育理论研究不能脱离课堂教学，而负责课堂教学的教师也不能脱离教育理论研究。而且，教育理论研究不能仅仅着眼于课堂教学，同样的道理，负责课堂教学的教师也不能局限在课堂教学之中。当士兵固守阵地时，他的行动可以得到"司令部"与"指挥部"的指挥；而教师是一名专业人员，他在课堂教学中的行为与行动，必须接受自己的教学思想与教育理念的引领与指导。是故，教育理论研究的目的仍然是提高课堂教学的有效性，包括为课堂教学寻找正确的目的与方向、适当的方法与策略。然而，我们必须用更为宽广的视野来审视教育理论研究，以此恢复教育理论研究应有的阵地与适当的工作范围。

第一，课堂教学是教师的阵地，但简单地固守阵地的教师，最终是要付出鲜血与生命的代价的；教师面对课堂教学这个阵地，不但要有固守阵地的意志，更要有守护阵地的智慧。对于在课堂教学中付出鲜血与生命的教师，在情感上我们是尊重他们的；但在教学效果、教育理性上，他们因为付出了鲜血与生命而最终放弃了这个阵地，这是我们不希望发生的。因此，学科教师不但要固守阵地，还要巩固阵地，甚至要拓展阵地，这不仅需要教师有课堂教学的技巧，还需要教师有运筹课堂教学的谋略与思想，这是天天固守在阵地上的士兵无法获得的。

第二，教育理论研究不仅需要提供课堂教学"应该"怎么样，还需要回答课堂教学"如何"才能这样。当我们将课堂教学界定为"动态生成"时，我们必须回答"动态生成"的课堂如何才能产生。"动态生成"的课堂不仅需要一位有着"课堂需要'动态生成'的思想"的教师，还需要教师有"动态生成"的课堂教学水平与课堂建构能力。然而，获得这种课堂建构能力并达到动态生成课堂的教学水平，仅靠课堂教学中的简单重复是难以实现，甚至是永远实现不了的。它需要教师远离课堂教学，进行理论学习，就如战争中司令员借鉴作战思想与借用作战地图那样；还需要教师在远离课堂教学的地方了解课堂教学，比如，在课堂教学前后与学生交谈、与家长交谈等，这就犹如阵地战中指挥部的功能。这就是笔者认为的负责课堂教学的教师不能脱离教育理论研究的原因。

第三，课堂教学需要教师的激情与魅力，而教师的激情与魅力必须建立在教师的教学思想与教学能力之上。没有教育理性的教育激情很可能造就盲从，没有教育激情的教育理性很可能造就固执。脱离了教学思想与教学能力，教师的激情与魅力就会成为名副其实的"作秀"。然而，教师与演员最大的不同，就是教师教学的目的是帮助学生学习，而演员的目的是得到观众的欣赏，至于观众是否学会了演出技巧，那完全是另外一回事，与演员的演出没有什么联系。我曾经为珠海的教师上过四天函授课，回到上海后，一位同事对我说，珠海的学员说我上课"口若悬河"，表现得棒极了。在获得短暂的自尊感满足之后，我突然心生凄凉：原来这四天中，自己仅是一只"上蹿下跳"的猴子，学生欣赏了我身手的敏捷，却遗忘了讲课内容；这几天的讲课，只是为自我的虚荣而演，而没有为学生的求知而教。教师的教学思想来自对自己经历的体验与感悟，更来自对他人教训的吸取与经验的吸收；教师的教学能力来自自己的课堂教学经验，也来自向他人的学习与迁移。个人的智慧是有限的，但值得学习与借鉴的智慧却是无限的；原创是可贵的，但却是非常有限的；迁移是实用的，只要你有这个心思，它几乎也是无限的。

7. 教学实践：行进在错误轨道上的"流浪儿"

　　如果我告诉你，学好教育学就可以提高教育教学水平，即使你表面上予以认可，打心底里也会认为我是个书呆子。如果我告诉你，好好看看教育心理学就可以提高课堂教学效率，即使你不当面反驳我，背地里也会认为我绝对是一个没有上过课的"生手"。

　　这就是让我们觉得困惑的地方。如果你想做一位更为成功的医生，你就一定乐于熟读医学理论；如果你想做一位更为成功的律师，你就一定乐于钻研法学理论；如果你想做一位更为成功的企业家，你就一定乐于接受工商管理学的学习。可是，如果你想做一位更为成功的教师，你却不认为学习教育教学理论就能够达到目的。

　　在医生、律师与企业管理者看来，他们从事的职业都是具有内在规律的。医生的工作要遵循医学规律，而医学理论正是医学规律的体现；律师的工作，无论是工作内容还是工作程序，都要遵循法律的规定与规律，而法学理论正是法律规定与规律的体现；企业管理工作，更要遵循企业管理规律，而企业管理学是企业管理规律的体现。也就是说，医生、律师和企业管理者之所以信任医学、法学与企业管理学，是因为以下两个原因：其一，医学工作、律师工作和企业管理工作，都有内在的规律；其二，医学、法学与企业管理学能够准确地体现这些工作的内在规律。

　　沿着这个思路我们来看，教育教学有没有内在的规律呢？

奋战在课堂教学第一线的教师每天都要上课，而且还要上好几节课。如果他们把教育教学当作科学问题来思考，那么，教师的时间与精力是无法撑下去的。因此，教育教学对他们来说并不是科学问题，而是生活问题。生活有规律吗？如果既没有终极生活目标，也没有更为有效的生活方法，自然就没有提高生活效率的规律，也就没有实现终极生活目标的规律。既然生活本身都没有规律，那么，教学生活当然也就没有规律了。

其实，生活有一定的规律，不然，人与人之间的生活为什么会有如此大的差异呢？只是在日常生活中，人们没有足够的时间与精力去思考、理解与应用那些抽象的生活规律。当然，人们如果每时每刻都按照生活规律来采取行动，反而会寸步难行。教育教学生活是一样的，教育教学不可能没有规律，不然，优秀的教师与普通的教师之间就不会有差异。可问题在于，如果教师承认教育教学的确有规律，并认为教育教学工作是科学的事业而不是生活，那么，教师就必须承担发现教育规律的责任，就必须让自己的教育教学工作遵循教育规律，否则，就是对教育的背叛，就是对学生发展不负责任。然而，教师根本不可能有足够的时间与精力去发现、思考、理解与内化教育教学规律。如果承认教育教学有规律存在，那么，每一位有良知和责任心的教师都必须承受无法遵循教育教学规律带来的内疚。然而，内疚并不能解决时间与精力不足的问题。从理性的角度出发，与其内疚，还不如否认教育教学规律存在。道理很简单，无法将教育教学规律应用到日常教学生活中，这样的教育教学规律是没有意义的，抛弃它比承认它更容易让教师舒心。

那么，教育教学工作在抛弃了教育教学规律之后，又走进了哪个学科的"家门口"呢？

当我们不承认教育教学有规律时，也就不承认教育学或者教育原理对教育教学工作的指导意义。然而，没有了教育教学规律的教育教学工作，又靠什么来支撑呢？

一所学校，之所以呈现出井然有序的境况，往往不是因为这所学校遵循了教育教学规律，而是因为这所学校的管理比较到位。同样的道理，现在学校促使教师努力教学的力量，是学校的行政管理与绩效考核；促使学生努力学习的力量，也是学校对学生的监督管理与考试考查，而不是师生在教育教学过程中体会到的幸福感。前不久看过一本叫"60个校长的智慧谈话"的书，书中的校长皆是教育教学工作的全才，对于学校的德育、教学与总务工作，都是侃侃而谈，都认为对于学校工作成绩的取得，学校管理起着至关重要的作用。可什么是学校管理呢？在校长们看来，要提高课堂教学效率，就要加强监管，促使教师在教育教学中尽心尽力，最好能够把每分每秒都用到学生身上。然而，当教师们把每分每秒都用到学生身上的时候，他们就丧失了自己，就丧失了个人的价值追求，也就丧失了追求幸福的权利。

还有一种方法，表面看起来，也可以提高教育教学效率，那就是通过考试来督促教师每日每夜都担心自己的工作，督促学生每时每刻都醉心于自己的学习，也就是我们经常讲的"分、分、分，学生的命根；考、考、考，教师的法宝"。其实，在考试面前，学生是弱者，教师也是弱者。表面上，教师是通过考试来"管制"学生，可事实上教师自己更是撞到了"考试"这张网中。于是，我们在中小学发现了大量的考试，以前有期末考、期中考、单元考，现在还多了月考，就是每月都来一次类似于高考、中考一样的考试。笔者曾经问过一位极力主张月考的校长月考的依据是什么。他说，月考是按照时间来安排的。本来教育与时间无关，可通过每月一次的考试，让学生在每个月里都保持一种临战的状态，借此可以提高学生的学习积极性，也可以刺激教师的工作积极性与责任心。呜呼，不知道这位校长以及坚持月考的校长们，有没有真心地去问过教师与学生：月考，远离了教育规律的月考，究竟是激发了学生与教师的积极性，还是抑制了学生与教师的积极性？当我们把提高教育教学效率的力量，寄托在考试上时，考试就成了教育唯一的目标。而考试原本只是一种实现教育教学目的的手段，现在却反客为主，成为欺负教育教学工作的"主子"。

离开了教育教学规律，教育教学还可以用另外一种力量来激发，那就是学生及其家长的外在评价。现在要将应试教育转变为素质教育，原本以为最大的阻力是教师，可事实上，家长对素质教育的反抗远甚于教师。面对当今的教育现实，每天下午不给学生补课的学校，每周周末不给学生补课的学校，真不见得有多少。尽管大家都知道额外的补课并不好，但迫于家长的压力，学校还是愿意补课。这样做更是为了推卸自己肩上的教育责任，因为如果不补课学生考不好，有可能是因为教育者能力不够，也可能是因为教育者态度不好，至少教育者要承担态度不好的责任。如果补了课学生还是考不好，那么教育者的义务尽到了，至少不用承担态度不好的责任。还有，当前对学生家长意见的重视、对学生关于教学意见的重视，也表明学校管理者在借助家长与学生的外在评价，去督促教师的教育教学。

对于教育行政的力量，对于教育考试的力量，对于学生及其家长的力量，我们是不可能全盘否定的。因为在教育教学规律缺位的情况下，的确是它们在支撑着教育教学活动，维持着教育教学秩序，激发着学生与教师的积极性。然而，它们毕竟不是教育教学规律，作为外在的力量，它们对教育教学工作的维持与支撑，并不会在教师的教育教学过程中产生内在的动力。在任何一个事件的发生过程中，动力永远来自事件内部。任何外在力量，尽管可能推动这个事件的发展，也可能阻碍这个事件的发展，但它的表现形式永远都是压力。只不过对于这种压力，当事人不一定感觉得到。比如，当学校中行政的力量促使教师努力工作，刚好与教师想成为一位优秀教师的目标相一致时，教师就不会感觉到作为压力的行政力量的存在；但是，如果你反对这种力量，你就会发现这种力量的压力本质，并且发现这种力量不以你的意志为转移，也不以教育活动自身的规律为转移。而且，任何外在的力量都不可能容许教育自身的力量去超越它。学校里也是一样，尽管学校管理的目的是搞好教育教学工作，但学校管理的最高权威与学科教学的最高权威，永远都是针尖对麦芒，很少有开明的校长能够用自己的行政管理权去扶植教学自主权。

然而，教育教学工作的内在动力，势必来自教育教学工作的内在规律。当我们抛弃了教育教学的内在规律时，也就没有了教育教学工作的内在动力。没有了内在动力，我们又必须坚守教育教学岗位，于是，我们只能承载着非教育教学方面的、外在的压力，还要面对教育教学工作本身对我们的挑战。我想，现今教师的劳累与苦恼，很多时候都来自外在的压力，而不是教育教学工作的挑战。因为对于一个有职业感的人、一个有专业意识的人来说，工作本身的挑战是一种幸福。

教育教学工作是应该回家了，应该回到教育教学规律这条轨道上来。这样，尽管大家少了教育教学生活的闲暇，但也少了许多外在的压力，最重要的是，增加了完成教育教学工作任务时的幸福与愉悦。

8. 教学层级：取乎其上而得其中

　　根据教师对教学活动的定位，可以把课堂教学分为四个层级。虽然教师可以在教学理念上跳过某个或者某几个较低层级而达致更高的层级，但从教学实践来看，当教师达到较高层级时，就意味着他有义务去完成该层级及以下层级的教学使命。这里将教学分为四个层级，但并没有对它们进行高低区分，而是希望告诉教师可以从不同的层级来定位课堂教学。当然，肯定还是希望教师能够站在较高层级上思考和定位课堂教学，毕竟取乎其上而得其中，取乎其中而得其下嘛。下面我们来看看课堂教学的四个层级。

　　第一个层级是养家糊口。教学是一个职业，自然也是一个赚钱的职业，对于从事这个职业的教师来说，职业收入仍然是他们的主要收入，甚至是他们的全部收入。所以，把教学当作养家糊口的一种手段不但是正当的，也是理所当然的。如果教师不把教学当作养家糊口的手段，而把非教学活动当作养家糊口的手段，那么这种情况是不正常的，也是大家不愿意看到的。然而，如果教师仅仅把养家糊口当作从事教学的唯一目的，那就意味着教师在整个教育教学过程中都处于被动状态，教什么听命于教材的安排，怎么教听命于领导的吩咐。

　　第二个层级是传授知识。把教材上的知识传授给学生，这似乎是教师天经地义的事情；与之相应，提高学生的考试成绩自然就成为教师的本职工作。在这一层级中，教师成了教材的代言人，甚至成了教材在课堂中的替身。当学生听不懂教学内容时，教师可以要求学生多听几遍；当学生掌握不了教学内容时，教师可以让学生多练几遍；当学生不愿意学习教学内容时，教师可以堂而皇之地指责学生不尊重知识，不具备好的学习态度和精神。这时候教师更多的是为知识负责，为成绩负责，并且会以知识的传授与成绩的提高，来反抗外在的管理举措与教育教学革新。

第三个层级是优化过程。知识总归是学生自己学会的，而不是由教师教会的。学生学习知识的过程可以在没有教师指导的情况下发生，也可以在有教师指导的情况下发生，因此，教师并不传授知识，而是通过给予指导，让学生的学习过程更为科学、更为有效。教师并不需要对知识的传授负责，而要对学生学习过程的科学化程度负责，对学生学习过程的有效性负责，对学生学习成绩的增加值负责，对学生学习能力的提升程度负责。要达到这个目的，掌握学科知识只是前提，重要的是向学生输送学习的方法与策略，帮助学生优化与改造学习过程。对教师来说，向学生输送学习方法与策略是较容易做到的，而对于学生学习过程的优化与改造就需要教师的教学智慧了。因为学习过程的优化与改造不但需要教师对学生个体有充分的了解，还需要教师对整个教学过程有科学的理解与计划。

第四个层级是价值引领。不管教师是对学生的学习成绩负责，还是对学习过程负责，其教学都是以外在的方式介入学生学习过程的。而且这些要负责的内容都会陷入具体的学科知识与教学任务之中，难以让学生与教师自己从学科知识与教学任务中走出来。教学应该起到的作用，并不仅仅在于向学生传授知识，也不仅仅在于向学生更为科学与更为有效地传授知识，还在于影响学生对待知识的态度，影响学生对待学习的态度，影响学生对待人生的态度。之所以此处用了"影响"，是为了强调教师对学生价值的引领重在用自己的教学过程和生活过程感染学生。教师对自己所教学科喜欢与否、尊重与否，自然会影响到学生对该学科的喜欢与尊重程度；教师自己是否喜欢学习，认为学习对自己的人生有用与否，自然会影响到学生对学习的态度与信任程度；教师对学生的态度、对同事的态度、对学校管理者的态度，自然会影响到学生对待自己人生的态度。

　　之所以把教学目的分为四个层级，还在于这几个层级之间的关系并不是并列而是递进的。也就是说，当我们把教学当作一个职业时，就意味着承认教师把教学当作一种谋生手段的定位。然而，随着教学认识的提高与教学水平的提升，教师会逐步从为了谋生这种完全被动的教学状态中走出来，开始考虑如何有效地将学科知识传递给学生，但这并不等于说教师就已经不再以教学为谋生手段了。同样的道理，当教师认为教学是为了价值引领时，就能够站在价值引领的层级上，更为科学、更为有效地实现对学生学习过程的优化与改造，从而实现学生对学科知识的学习与接受。其实，当教师站在更高层级上的时候，表面上看起来他承担的责任更大了，但事实上，在承担更高层级责任的同时，为下一层级教学责任的完成找到了更为科学与更为有效的方法。

第二辑　学生与学习

1. 学生为什么不愿意读书

今天的学生什么事都可能干，什么事也都敢干，但就是不愿意读书。对今天的学生作出以上评价，并不是一件难事，任何一位与学生接触过的人，都可以得出这个结论。面对这样的事实，追问"学生为什么不愿意读书"就成为一项重要的工作。有两类人急于想知道这个问题的答案：一是与学生是否读书有直接利益关系的人，比如学生家长和学科教师；二是对学生为什么不愿意读书有研究的人，比如作为教育研究者的我以及作为社会研究者的学者们。前者是因为他们对学生承担着利益上的责任，后者是因为他们对学生承担着专业上的责任。与此相应，对学生为什么不愿意读书，也可以从利益与专业两个层面予以思考。

一

读书能够给学生带来利益吗？在教师看来，这是一个根本不用回答的问题，如果读书不能给学生带来利益，那么还用得着办教育吗？可这样的回答却有一个漏洞：有些教育对学生真的没有用，但可能对社会有用，对国家有用，对学校有用，对家长有用。请容许我举一个不甚雅观的例子：对一个人来说，是否认识"男"与"女"这两个字，并不重要。也就是说，他花时间与精力去学这两个字，对他的个人利益并没有多大影响。然而，世界上每多一个人不认识这两个字，人们就多了一份危险，因为每位如厕的同志都担心被不识字的文盲打搅，当然，在家里肯定就不会面临这样的烦恼。正因为有些知识对学生没有用处，但还需要学生去学习，这时学生当然就不可能主动学习，能被动学习就已经不错了。在这种情况下，学生就成为他人获得教育利益的工具。因此，学生为了摆脱成为他人工具的境况，就会拒绝或者反抗这种学习，这是一种为人的本性。

我们都知道，义务教育之所以由国家埋单，就是因为义务教育是基础性教育，是一种具有公共性（就是收益可能被他人无偿占用，比如夏天商场里的空调，就可能被一些不买商品的顾客无偿享用）的服务。也就是说，对于义务教育带来的收益，学生当然可以享用，但并不仅仅是学生一个人在享用，社会、国家、家庭，等等，都可以无偿享用。这说明一个问题——学生读书，并不一定是对学生有利，至少不仅仅是对学生个人有利。这样就必然存在学生读书而他人受益的情况，在这种情况下，学生不读书就是理性的：凭什么让我读书，而让你来享受收益呢？我们经常听到孩子这样对父母说："我才不为你读书呢！"我想很多学生打心底里对教师也有这样的想法。这种对学生个体无益而对群体有益的事在学校经常发生，比如课间操，学生做操的目的是锻炼身体，因此只要锻炼了身体就达到了做操的目的。可学校评价学生做操好不好的标准却是整齐与否，而做操整齐与否和学生是否得到锻炼并没有必然联系。

即使读书对学生真的有利，这个利益也有短期利益与长期利益之分。对于短期利益，学生当然可以领会与明白，比如考了好成绩，就可以得到父母的奖赏，就可以在班集体里有地位；而对于长远利益，也就是我们经常用来鼓励他们读书的利益，比如长大了赚更多的钱，限于年龄与理智的发展程度，他们往往理解不了，也等不及。对于理解不了的利益，对于等不及的利益，再重要也没有现实意义，既然没有现实意义就只好放弃。另外，即使学生想得到短期利益，也就是他们可以理解与等来的利益，他们也会计算要获得这些短期利益的成本。如果成本太大，比如要让他们每天清晨六点钟就起床，每堂课都全神贯注地听课，每天回家都做作业做到晚上十一点或者更晚，那么，他们也会放弃这种短期利益。赔本买卖谁愿意做呢？可别小看了我们的学生。

再说，今天的学生几乎都是计划生育政策的胜利品，作为家中独一无二的"接班人"，他们在家里早就拥有皇帝一样的地位。家里再怎么缺吃缺用，也不会让他们受罪。随着生活条件的好转，家庭满足学生的基本需要与生活需要已经不再困难，为学生提供玩具与零花钱已经成为父母的义务，而不再是对孩子的奖赏。在学生轻而易举就可以得到这些短期利益的时候，教育就陷入一个尴尬的境地：如果只是为学生提供短期利益，学生并不需要；如果为学生提供长期利益，学生又理解不了或者等不及。那么，教育应该用什么来吸引学生呢？

二

通过以上分析，大家很容易得出一个结论：要让学生读书，还真是一件困难的事。那么，用什么才能够激发学生读书的动机呢？究竟怎样做才能让学生愿意读书呢？还有让学生喜欢读书的可能吗？对这些问题，如果仅仅从读书的外在利益去分析，要寻找到有效的答案的确比较难。因此，我们把求助的眼光转向专业性的回答。其实，大家都很清楚学生为什么不愿意读书，用专业的话来说，就是因为学生没有读书的行为动机。如果我们想让学生愿意读书，就应该激发学生读书的学习动机。因为学习动机的存在是课堂教学的前提。如果没有学习动机，哪怕学生的确在课堂中读书，这种读书的效果也是令人担忧的。

那么，如何激发学生读书的动机呢？动机源于需要，如果读书的确可以满足学生的需要，学生对读书就会有兴趣。在这种情况下，读书就会成为学生满足自己需要的一种手段，而不是成为他人，比如国家、社会、家长与教师满足需要的手段。那么，学生有什么需要呢？更为关键的是，今天的学生，还有哪些需要没有得到满足呢？学校教育又可以满足学生哪些需要呢？要激发学生的学习动机，要让学生真正地喜欢上读书，对这些根本问题不了解，是难以调动学生对读书的内在兴趣的。

谈到学生的需要，我们不得不去敲开马斯洛的学术思想之门。按他的理解，每个人都有至少五种需要：生理需要、安全需要、尊重的需要、爱的需要与自我实现的需要。今天的学生生理需要已经满足了，如果大家把孩子安全的需要、尊重的需要、爱的需要和自我实现的需要，看得与生理需要同等重要，那么我们的孩子就得救了。所以，学生没有满足的需要，往往不是生理的需要，比如是否吃得饱、穿得暖之类的问题，而是后面几种需要。

学生在学校中是否有安全感呢？从逻辑上说，学校相对而言是安全的，尽管最近时有校园安全事故发生，但相比大街上发生的恶性事故，其概率还是很低的。然而，人的安全感来自两个方面：一是身体的安全感，一是心理的安全感。对学生，尤其是对不愿意读书的学生来说，心理的不安全感，远胜过身体的不安全感。当过学生的人都有这样的体会：当教师提出一个你不会回答的问题时，你心理的不安全感就会油然而生；你越感觉不安全，你寻找到这个问题答案的概率也就越低。笔者的英语听力一直不好，因为在英语听力课堂上，我的心思主要不是用来练习听力，而是时刻准备应付教师的提问。当教师按照学号的先后顺序提问时，还比较好应付；当"聪明"的教师不按学号的先后顺序提问时，为了逃避整堂课给我带来的不安全感，我情愿选择逃课。在这里需要申明的是，我逃课并不是因为我的听力非常好，正是因为我的听力非常不好，所以才逃课。我逃避的不是学习，而是教师提问带来的不安全感。当然，安全感并不会给学生带来学习动机，但没有安全感的学生，是肯定没有学习动机的。

与安全感一样，尊重与爱的需要，也是学生相对匮乏的。学生在家享尽"荣华富贵"，但就是难以享受到父母对他们的尊重与爱。也许有人会问：这怎么可能呢？父母对子女的爱是天然的，学生怎么可能缺少呢？爱本身是天然的，但如果在爱上面加上功利的色彩，爱就会变质。当父母每天都关注"你家庭作业做完了吗"、"今天在学校表现得还好吧"、"昨天考试的成绩是多少呀"、"老师今天表扬你了吗"等问题时，我想，这样的关心已经远离了爱的本质，更别说尊重了。尤其是对于后进生而言，这样的话已经不再是关心，而是一种心理上的伤害，更别说是尊重与爱。既然学生缺乏尊重与爱，教师是否能够给予他们呢？教师给了学生尊重与爱，并不直接等同于激发了学生的学习动机。然而，如果教师满足了学生尊重与爱的需要，那么，学生就会因此而喜欢上教师，也会因此而喜欢上教师所教的学科。所以，学生的学习动机，是教师满足学生尊重与爱的需要的间接产品。其中也有问题，就是教师要尊重与爱所有的学生，这似乎对教师的要求太高了，怎样才能够让我们爱所有的人呢？墨子的"兼爱"与孙中山先生的"博爱"，虽然经常被大家提起，但实行起来非常困难。

教师爱学生与激发学生的学习动机之间的关系常常令我们感到困惑：教师爱学生就一定能激发学生的学习动机吗？有一句流行语——"爱得深，所以伤得重"，可以用来形容绝大多数教师对学生的关爱。他们给予学生太多的爱与期待，可收获的往往是失望。教师爱学生与激发学生的学习动机之间究竟是什么关系呢？其实，并不是"教师对学生的爱"，恰恰相反，是"学生对教师的爱"激发了学生的学习动机。可是为什么为了激发学生的学习动机，我们提倡教师要爱学生呢？因为"教师对学生的爱"有可能激发"学生对教师的爱"，并由此激发学生的学习动机产生。值得注意的是，"教师对学生的爱"只是有可能激发"学生对教师的爱"，两者之间往往不对称，所以使得教师容易在学生身上收获失望。通过以上分析，我们可以发现，真正激发学生学习动机的原因，正是学生对教师的爱。这在"追星族"身上得到了最为完美的印证，尽管明星们根本不认识他们的粉丝，可粉丝们仍然因为喜欢他们而拥戴他们。

三

在激发学生学习动机的要素中，除了爱与尊重之外，还有一个最根本的要素，就是学生的自我实现的需要。激发学生在学习过程中产生自我实现的需要，是让学生获得学习动机最为有效的方法。要激发学生自我实现的需要，并不是一件容易的事，因为要让学生拥有自我实现的需要，前提是满足学生其他的需要，比如在你的课堂上，他不会觉得饿，不会觉得你时时刻刻都准备用问题去为难他，不会觉得你不尊重他或者你不值得他尊重，当然，最好让他觉得你是爱他的，至少要让他觉得你是值得爱的。当这些条件基本满足，或者部分实现时，学生才有可能在学习过程中产生自我实现的需要。

其实，在每个学生的心灵中，都有自我实现的潜在需要。只是，当他忍饥挨饿时，当他时刻被他人或者教师恐吓时，当他被歧视或者被蔑视时，他首先想到的是自我保护，而自我实现的需要则只好暂时被搁在一边。如果学生有了自我实现的需要，作为学校教育组织者或者管理者的教师，就要为学生提供自我实现的机会，尤其是通过读书与学习来实现自我的机会。否则，学生就会想办法，寻找一些不通过读书就可以实现自我的机会，比如调皮捣蛋，比如不交作业，比如上课与教师顶嘴，等等。

要让学生通过读书体会到自己存在的价值，首先就得让学生觉得读书本身有内在的价值与乐趣，而不是为了满足外在的需要、实现外在的目的与利益。以学生现在的物质生活水平而论，利益是很难打动或者激发他们读书的动机的，因为他们对利益的需要非常少。其次，要让学生在课堂教学中有更多自我展现的机会。当教师急着完成教学任务时，学生就成为教师完成教学任务的障碍，这时，教师就不可能给予学生自我实现的机会。再次，还得给学生表达自己的学习方法与能力的机会。学生在学习上取得成绩时的归因对学生学习动机的激发有着重要的影响。如果学生认为自己学习成绩的取得来自外在的机会，那么，他对下一阶段的学习就会没有信心；如果学生将学习成绩的取得归因于自己的学习方法与学习能力，那么，他就会对下一阶段的学习充满信心。最后，要善于用学生的学习成绩激励学生，而不是打击学生。如果我们只注重学生学习总成绩的排名，那么，排行榜上的每位学生都是其他学生的敌人，毕竟他们彼此是"敌进我退"与"我进敌退"的关系。此外，应该为学生多设几个学习成绩排行榜与学习成绩进步排行榜，这样可以让学生在不同的排行榜上印证自己学习上的进步。

2. 以学生的名义解读"学生"

学生是什么？在成人与教师眼中，学生就是不谙世事的人，他们的一言一行都让家长与教师操心不已；学生就是无知的人，不管是知识的储备还是经验的获得，他们都还处于较低的水平；学生就是不成熟的成人，对社会的认识与参与，他们都还非常稚嫩。正因为我们赋予学生以上含义，所以我们想当然地认为：学生应该接受家长与教师的指示与训斥，以弥补自己"不谙世事"的缺点；学生应该勤于学习，以弥补自己在知识上的无知；学生应该适应这个社会，在适应这个社会的过程中，让自己通过社会化而走向成熟。

当我们用成人的名义看待学生时，在很多顺理成章的事情背后，都会留下难言的尴尬。比如，有一次和一位校长讨论学生为什么早恋的问题。校长认为，学生早恋的原因，不外乎两点：一是社会舆论的错误引导，一是学生性早熟。于是，我很自然地问了他一个问题："你结婚的原因，是性成熟了吗？"这个问题问得很尖锐，他当时差一点就和我生起气来。但正因为这个问题那么尖锐，这位校长如此生气，所以我们才觉得，用性早熟的原因去揣测学生的早恋，错得是那么彻底。其实，学生早恋最根本的原因，是父爱与母爱的缺位。试想，恋爱本身就是家庭的补充与延续，怎么能够将早恋完全归责于学校与社会呢？当父亲与母亲忙着自己的事业，只是功利性地关心孩子的学习成绩时，谁去呵护孩子的情感世界呢？任何人的感情都是需要港湾来停泊的，当家庭这个港湾变得过于功利而缺少温情时，孩子只好自己偷偷摸摸地去营造别的港湾了，哪怕明知这是不对的，明知这是学校与家长反对的。但在反对早恋时，又有谁对学生的情感世界做过研究呢？家长又是否为父爱与母爱的缺位而检讨过呢？

还有一个不得不说的例子，就是小学生选美。在成人眼中，选美就是让一群大姑娘，穿着泳装——用老百姓的话来说，就是"三点式"——在海边或舞台上走来走去，然后让别人评头论足，最后搞出个世界级或者国家级美女来。当有学校让小学生选美时，成人就无法容忍了，认为怎么能够让小学生也穿着"三点式"四处招摇呢？可是，真正的小学生选美并不像成人想象的那样，当然更不会像成人选美那样"低俗"。小学生选出来的美人，远比成人选出来的美人更贴近心灵美与自然美，因为他们的世界观还没有受到社会这个大染缸严重浸染；因为在他们的审美世界里，一切都是那么自然，还没有被功利严重污染。

那么，在学生眼中，学生是什么呢？

在学生眼中，学生首先是一个独立的人。不管学生年龄的大小，也不管年级的高低，学生都是独立的人，一个有着自己思想的人，一个拥有自我情感的人。尽管在成人看来，学生的思想与情感都非常不成熟，但这并不影响学生作为独立的人而存在。既然学生是一个独立的人，那么"天赋人权"时，就不可能忽略他们：他们既有独立的情感追求，也有独立的利益选择。然而，成人往往以为学生不谙世事，从而剥夺学生的自主权利，尽管家长与教师在剥夺学生自主权利的同时，也在努力地增进学生的利益。但大家往往注意不到，如果学生不再是独立的人，这些利益又有什么意义呢？

在学生眼中，学生是日常生活的一个个体，而不是未来生活的工具。虽然"做一天和尚撞一天钟"过于消极，但这句话却告诉我们，人的每一天都是生活，它要让每一个人都完成相应的社会责任，也要为每一个人带来生活的幸福。可是，在成人眼中，学生是无知的人。为了让学生掌握更多的知识，为了让学生在未来的职业竞争中取胜，学生应该牺牲眼前的幸福，投身于当下的学习过程之中，而不论学习过程是幸福还是痛苦的。于是，今天的学生成为自己未来生活的工具，并因此而丧失了今天的生活。只有极少数眼光极为长远的学生可以乐观地估计到自己的远大前程，愿意为了未来而牺牲现在。可绝大多数学生都不可能猜想到未来五年或者十年的生活，在他们心中，未来只是一个理想，甚至只是一个梦想而已。于是，他们更看重眼前的生活，把每一天都当作生活中的一天。在他们眼中，生活中的每一天都是平等的，没有必要用哪一天去"服侍"或者"准备"另外一天。

在学生眼中，学生就是学生，他们并不是成人的缩影，更不是未成熟的成人。学生是一个成长的群体，但这并不意味着他们是有所欠缺的成人。他们是完整的学生，而不是不完整的教师。尽管与成人相比，他们有着或多或少的不足，但在他们心目中，他们就是最为完整的学生。他们是为了自己而学习与生活，而不是为了让自己成为成人而学习与生活。因此，我们没有理由将自己认为成熟的观念强加给学生，哪怕他们的观念还不够成熟，但他们观念的成熟是靠自己培育的，而不是靠我们去矫正与强制的。

由此可见，对于如何看待学生，既可以有家长与教师的眼光，也可以有学生自己的眼光。在家长与教师眼中，学生是不成熟与无知的个体，他们是为了明天的幸福生活而准备。但在学生眼中，学生就是学生，他们以饱满的精神与积极的生活态度面对社会，他们是成熟的学生。也正因为他们是成熟的学生，所以对学习与理解这个社会有主人翁的精神，有主体意识。需要强调的是，他们学习与理解这个社会，并不是因为他们"不成熟"，而是因为他们向往"成熟"，且他们向往的"成熟"并不是成人社会已经拥有的"成熟"。

3. 好生与差生：只是教师的一种观念

你是不是觉得自己很穷？但如果与衣衫褴褛者相比，你必定会有一种富人的自豪感吧？你是不是觉得自己工资太低？但当你得知在偏远的山区，教着同样内容的教师，每月的工资只够吃青菜、萝卜时，你还会觉得低工资是问题吗？同样的道理，当你觉得挺有自信时，突然发现一个又高又大的人站在你面前，一种天然的危机感就会油然而生，自信立马就会溜走。以上这些例子只是想证明一种观点：对于穷与富的判断，只是一种观念而已。同样，对于学生好与坏的看法，也只是教师的一种观念而已。

经常听到教师抱怨学生太笨："现在的学生实在是太笨了，连26个字母都背不出来。""这还算好的，我们班还有更笨的学生，昨天当着你的面背会了26个字母，可今天照样不会背。"也经常听到学校抱怨生源太差，甚至连各县教育的龙头老大——县中或者县一中，都同样持这种观念：这几年学校扩招，把原本不应该到我们学校的学生也招了进来，生源质量严重下滑呀。可是，不管教师是如何看待学生的，在每位家长眼中，这些学生都是最聪明的孩子。对学生的评价与定位之所以会有如此大的差异，并不是因为学生的智商因人而异，而是因为教师与家长看待学生的角度不同，理解学生的观念不同。

当孩子在父母千教万教之后，开始叫出第一声"妈妈"时，我们为孩子绝妙的表现而惊喜，也为自己的教育能力而惊叹。于是，我们不断地教孩子叫"爸爸"、"爷爷"、"奶奶"，再接着教"叔叔"、"阿姨"、"姑姑"、"伯伯"。孩子每会喊一个名称时，大家都会夸这个孩子聪明，于是，孩子不但乐于继续叫你，还乐于去学习更多的名称。

可到孩子学会喊"老师"时，其学习的心态与学习的成就感，就慢慢消失了。这不能怪教师，因为有太多的孩子叫"老师"，于是，教师不得不区分哪个孩子叫得最好听，哪个孩子叫得最亲切，哪个孩子叫得最"标准"。当教师按照以上标准把孩子区分为三六九等时，只有很少的孩子会延续在家中获得的学习成就感。更为可怕的是，教师对孩子的评价，还会慢慢传染给孩子曾经叫过的人，比如"伯伯"、"姑姑"、"阿姨"、"叔叔"，而这些曾经夸奖过孩子的人，开始改变自己的初衷，接受作为专业人员的教师对孩子的专业评价，当然，这个评价很少令孩子们有自信心。当大家都认为孩子不甚聪明时，作为社会人的父母，也就难以坚持自己的观点了，尽管他们是那么不愿意，但只能认可他人的评价；尽管认可这样的评价是在无形中承认自己笨拙，因为人们往往认为孩子聪明与否在很大程度上是继承了父母的基因；尽管给孩子的评价只是教师的一种观念，但通过大家的传递，这就成了一种事实。

如果我们去医院看病，医生给我们问诊之后，就对我们说道"你怎么生这种病呢？你不知道这种病不好治吗"，此时，我们会不会倍感委屈呢？教育过学生之后，我们对学生说："你怎么就这么笨呢？你不知道学习是需要聪明的吗？"我想，此时，学生心中的委屈，绝对不亚于医生面前的我们。

其实，聪明与愚笨，只是一种观念而已。曾经听过一个不知真实与否的教育故事：有一位非常有名的钢琴教育家，他教出了许多知名的钢琴家，而且他还有"华生式"的教育狂言——只要给我一个孩子，我就可以把他教成一位知名的钢琴家。有一天，一位母亲很生气地来到这位钢琴教育家面前，说："如果你教我家小孩钢琴，你就不会有今天这样的自信了。"于是，这位钢琴教育家来到这位母亲的家里，开始"欣赏"她家孩子的钢琴独奏。听完之后，他很兴奋地站起来，对小孩说道："你真是一位天生的钢琴家，在你的钢琴独奏中，我闻到了一位钢琴家的味道。"孩子听到他的评价时，眼前突然有了一丝亮光。当钢琴教育家走出家门时，这位母亲迫不及待地责问钢琴教育家道："你怎么可以欺骗小孩呢？"钢琴教育家坦然地说："我是钢琴教育家，不是钢琴家，所以我并没有欺骗任何人。"多年后，这位小孩在钢琴教育家的调教之下，真的成了一位知名的钢琴家。

原来，一位学生的钢琴弹得如何在不同的人眼中，会形成全然不同的观念。从教育的角度来说，这些观念准确与否并不重要，重要的是它们是否有助于提高孩子对弹钢琴的兴趣，是否有助于孩子将钢琴弹得更好。那么，学生表现的好坏，是不是也会在教师眼中形成完全不同的观念呢？而我们对学生的评价又是否只是一种观念呢？如果是这样，那么，好生与差生也就只是教师的一种观念。为了帮助学生更好地学习，教师是否也可以更换一种观念，从而帮助差生更喜欢学习，帮助差生学得更好呢？

记得上高一时，我的数学天赋不高，在一次单元测试中，总分120分的试卷，我居然只得了23分。这种笨，是我无法掩饰的，也是我自己不愿意看到的。但这种经历以及自己愚笨的事实，却特别有利于我从事教育工作，因为在我眼中，凡是能得到23分以上的学生，都是聪明的学生，我都会用羡慕与欣赏的眼光去看他们；凡是成绩低于23分的学生，都是我的朋友，我都会伸出双手，用久别重逢般的心情去拥抱他们，然后与他们一起探讨走出困境的方法。可惜，我们太多的教师没有经历过这种失败的体验。因此，我愿意欣赏学生，并不是因为学生太聪明，或者值得我欣赏，而是因为我知道自己也有不聪明的地方。

当我们用年长者的心态，以一个学科专家的身份，去俯视我们的学生时，就会发现我们的学生都是笨蛋，除了极少数的天才。当我们用朋友的心态，以一个共同遭遇者的身份，去仰视我们的学生时，就会发现我们的学生都是聪明的，除了极少数的笨蛋。他们居然和我们一样笨，只是我们的笨，表现在无法教会这些笨蛋；而他们的笨，表现在无法领会我们的"教"。

4. 教"好学生"与教"好"学生

"得天下英才而教育之"，这可能是教师最大的幸福，但也可能是教师最大的不幸！

人的天性，就在于把成绩归因于自己，而把失败归因于别人，这样才能够逐步建立起自信，课堂正是学生与教师在归因上相互博弈的舞台。如果学生的学习成绩好，那么，大家皆大欢喜，教师的教与学生的学都是好的；如果学生的学习成绩差，就必须追问究竟是学生学得不好，还是教师教得不好。正如常言所说：幸福都是一样的，不幸却有万千种。在这种情况下，挑选好学生自然是教师向往的；将学生成绩不好归因于学生学得不好是自然的；最能推脱责任的看法，是认为学生智商低，这样一来，于教于学就都没有责任。

教"好学生"有三大好处：一是好学生往往有好成绩；二是教师富有成就感，孔子"弟子三千，贤人七十二"，所以不愧为教育的祖师爷；三是面对好学生往往有好心情，见到花朵的心情，自然好过整天见到泥沼的心情。既然有如此多的好处，教师喜欢教"好学生"也就不足为奇了。

可是，"好学生"从何而来呢？靠父母遗传而来的，当然是少数。因为对"好学生"的定义，不仅仅是智商高，还包括性格好、态度好、有礼貌，等等，这些都是不可能通过遗传得来的。真正优秀的学生，绝大多数都是后天学来的。在教师眼中，太多"聪明的学生"却并不是"好学生"，而且往往越"坏"的学生越"聪明"。所以,"好学生"得靠学生学好,当然也需要教师帮助学生学好,这就为教师提出了一个很重要的命题——如何教"好"学生。

教师是多元的,教学当然也是百花齐放的,百花之中既然有牡丹与芍药之分,教学也就有"好"与"坏"之分。教育并不总是好的。换句话说,教育既可以教"好"学生,也可以教"坏"学生,但我们往往认为教育总是好的。这一看法过于乐观。

教"好"学生与教"坏"学生,完全取决于教师"教"的方向与内容。但何谓"好"与"坏",就需要教师对"好学生"与"坏学生"进行研究,从"好学生"中提炼出"好"来,从"坏学生"中提炼出"坏"来。如文首所言,如果教师只是得天下"英才"而教之,这对教师来说也可能是最大的不幸,因为教师无从判断"教"的方向与内容,尤其是丧失了对"坏"的定义与感知,失去了避免英才学生朝"坏"方向发展的本事。

教"好"学生,包括教"好""好学生"与"坏学生","好"是用来形容教的,而不是用来形容学生的,所以它对教师提出了要求,对教师有了期待,这就需要教师去理解与研究"教",而不是单纯抱怨学生的"坏"。当然,我们也不能够因此就把所有的责任都归于教师,因为教得"好"并不一定就能培养出"好学生","坏学生"也并不一定是教"坏"的,教师的责任,就在于尽量通过自己教得"好",去促进"好学生"更好,让"坏学生"也朝"好"的方向发展。因此,教得"好",就必须以"好学生"与"坏学生"的学习为基础,否则,教师教得"好"就只是作秀罢了。

我们在此只是分析了教"好学生"与教"好"学生的区别,至于如何教"好"学生,则没有绝对的方法,它是一个"仁者见仁,智者见智"的话题,其中的理论与规律,还是值得大家去学习与探讨的。

5. 让学生学习走出迷失之境

刚搬到新家没有几天，就发现烧饭用的电源插座出问题了，望着错综复杂的线路，我一筹莫展。请一位略懂电路的民工师傅帮忙，他稍微理了下线路，然后沮丧地走了。说是等两天再来看看，从此再也没有下文。最后，请了楼下修电器的业务人员，在各种仪器的帮助下，他很快就找到了问题的症结：装修时工人把代表火线的红色电线接在了电源的地线接口上，导致电器一插上就短路。这不由得让我想到学生的学习，当我们面对一个学习困难的学生时，除了抱怨他"智商低"以外，我们同样也是一筹莫展。在这种情况下，谁能够告诉我们学习困难的学生的症结呢？当我们面对一个学习优秀的学生时，我们除了高兴，也讲不出他之所以优秀的道理来，谁又能讲出下一个优秀学生需要如何培养呢？由此可见，探寻学生学习的旅程还很遥远，要很清晰地认识学习过程，还需要太多的努力与智慧。

一

翻看教育理论方面的书籍，可以发现对学生学习的探讨也不少，只是对抽象的学习研究多一点，对具体的学习研究少一点。但正如苏霍姆林斯基所言，没有也不可能有抽象的学生，这就让我们觉得关于学生学习的理论探讨空泛了一些。理论探讨的是抽象的学生学习，而教师面对的是具体的学生学习，这就必然会导致实践中的教师对学生的学习指导毫无章法。一线教师往往从当前的学习研究中收获甚少，甚至毫无收获；但为了表示对学习理论的尊重，就用"抽象"来描述它，事实上，在大家的心目中，"抽象"就等于无用。

尽管大家对当前的学习理论感到失望，但又并没有为学习理论找到更好的替代品，这就让所有以学习为业的人，在面对活生生的学习实践时，除了保持良好的态度、足够的时间与旺盛的精力之外，无从寻找学习的内在机理。既然我们寻找不到学习的内在规律，寻找不到支撑学生学习的知识要素与能力要素，当我们面对学习困难的学生时，很自然地便将学生的学习问题归因于其智商不够、学习态度消极或者学习勤奋度不够。

在日常教学生活中，尽管教师是以帮助学生学习为业的人，但却经常对学生的学习加以抱怨，这已成为教育的一道"风景"。当下在我国，不管学校是好还是差，对生源差的抱怨都不绝于耳。重点学校抱怨因为扩招而把很多原本不合格的学生招录进来，导致学校整体生源素质滑坡；普通学校抱怨好学生都被重点学校筛选去了，剩下的学生虽然可能还有学习潜力，但其学习态度都不好；差学校就更直接了，认为自己的学生应该直接送到特殊学校去，他们根本就不是学习态度有问题，而是智商太低。如今，教师还有一个共同的感受，就是现在的学生远没有自己当学生时那么勤奋与努力。其实，学生还是那些学生，只是在不同学校间进行了重新分配而已；教师面对的永远都是学习动机不足的学生，这与医生面对的永远都是病人是一样的道理。如果学生的学习已经相当优秀，那么就不需要教师这个职业了。从教师对生源的抱怨中，我们反倒可以得出一个较为普遍的结论：学习的问题在不同层级的学校都存在，而且还没有人将它解决好。

二

如果我们把学习当作体力劳动，那么学生的体质与态度就成为决定这项劳动品质的关键要素；如果我们把学习当作脑力劳动，那么，体质与态度就仅仅是学习的前提，而真正决定学习品质的要素则是学习的技术与智慧。一旦将学习定位为脑力劳动，对学习的感觉就变得"抽象"起来，因为脑力劳动总是给人看不见摸不着的印象，就更别说如何去研究与提升它的品质了。

在学习活动中有一样是非常具体的，那就是学生的学习成绩。应该说，每一位教师与学生都很清楚，好的学习品质必然会带来好的学习成绩。于是，许多学校的教师与学生就绕开学习过程，将视线直接聚焦到学习成绩上。这就犯了一个很大的错误。好的学习品质的确可以带来好的学习成绩，可学习成绩不仅仅取决于好的学习品质。所以，如果我们把学习品质直接等同于学习成绩，而没有使学习过程清晰化，反而会让我们错失对学习过程进行分析与研究的机会。今天的学习研究，需要我们拨开学习成绩这层面纱，来透视学习过程与学习品质之间的关系。

直面学习过程可能才是我们解决学习问题的根本之道。学习过程至少由以下四个部分组成。其一，学习者要有学习的愿望。学习愿望是启动学习过程的钥匙，学生只有对学习有愿望，才具备学习的主动性，才会将自己的学习过程向别人开放。正如苏霍姆林斯基在《给教师的建议》一书中所提的关于没有学习兴趣的学生的建议：让他们阅读更多的课外书籍，而不是强迫他们花更多的时间与精力来完成课内作业，这可能才是真正地理解学习愿望是学习过程的钥匙的教育智慧。其二，学习者要有学习的方法与技巧。俗话说，工欲善其事，必先利其器，如果只是有学习愿望，而没有相应的方法与技巧，这种愿望就必将会受到学习现实的打击。其三，学习者能够获得与自己的期望相当的学习结果。如果只是辛苦地耕耘，而没有来年的收获，再淳朴的农民也会放弃这方土地。所以，一滴汗水一份收获，这对学生也是完全适用的。其四，学习结果能够满足学生对学习寄予的希望。如果今天的学习结果只是为了满足学生无法预期的需要，那么这种满足本身就是无效的。在《一个称作学校的地方》这本书里，作者通过大量调查得出结论：学生喜欢当下让他们开心的课程，比如体育、艺术、劳技等；尽管他们知道语文、数学、物理、化学等课程的重要性，但他们对某个课程的喜欢并不与课程本身的重要性成正比。

三

知道了学习过程的重要性，我们也就知道了帮助学生学习的方向，而要在迈向这个方向的进程中付出多少努力，就得靠教师个人的知识与智慧了。在这一进程中，学习的智慧是重要的，也是不可或缺的，但学习智慧不是天上掉下来的，而是教师将学习知识与学习经验融为一体的产物。在学习智慧中，学习知识是可以迁移的，而学习经验则只能感悟与借鉴。

体力劳动是一件辛苦的事，而脑力劳动则是一件更辛苦的事。对孩子来说更是如此。与各种玩具和游戏相比，学习肯定不是一件令他们心动的事，况且学习总是以服务于未来生活为目的的，而孩子们哪儿管得了那么遥远的事呢？因此，怎样才能让孩子愿意好好学习就成为教师面临的头等大事；赋予学习结果以现实意义，就成为激发学生学习愿望的可行之道。比如，让父母与学生共享学习带来的快乐，让教师与学生共同渡过学习中的困境，可以让学生透过父母与教师来感知学习结果带来的现实意义。记得在幼年时，我读书就是为了回报父母对我的期待，虽然在学习过程中需要投入不少时间与精力，可我觉得这是值得也是应该的，因为努力了就可以得到好成绩，就可以与父母分享这份好成绩。

要让学生掌握学习方法与技巧，的确是一件困难的事，这就需要教师给予学生足够多的帮助。让学生掌握记忆的方法，以便掌握最为基本的知识与原理；让学生学会观察，以便从生活中掌握学习的素材；让学生学会阅读与扩充知识，以便能够"超大纲"地学习，使所学知识活起来，真正地培养自学的能力；让学生学会独立进行脑力劳动，且养成脑力劳动过程中的自律，以便在以后没有教师的日子里仍然能够保持学习的心态与能力。

在教师指导学生学习的过程中，任何一项工作都是不容易的，也是敷衍不得的，都需要教师去学习相关的理论知识，借鉴别人有效的教学经验，比如，苏霍姆林斯基就是一个很好的学习榜样，他善于结合自己的学生所处的学习情境来开展教学工作。

教师向学生呈现什么样的学习结果，学生就会具备什么样的学习态度。在只有考试成绩排名这种学习反馈机制时，全班同学只有个别人能够得到积极的学习反馈，还有少许同学能够因为名次的进步而受到鼓舞，而更多学生则会因为技不如人而垂头丧气，如果再加上教师与父母的责备，这种学习结果对学生来说就是一种灾难了。完全可以想见，每一位学生在学习上都是尽力的，可收获的却是灾难性的结果，这样，他们对学习的态度就可以理解了。要让每位学生对学习都充满激情是不太现实的，要让每位学生都得到"全班第一名"也是绝对不可能的；而教师通过对学生分数的诠释，让学生感受到学习的意义则是有可能的。比如同样的 40 分，可以解释成学生智商太低的结果，也可以解释成能力较差的学生通过充分努力所得到的结果，因此，能力差并不可怕，可怕的是因为能力差而放弃努力。因此，学习结果并不等同于学习成绩，而等同于对学生生活与情感世界有影响的他人对学生的学习成绩的解释。毕竟，这种解释才是学生可以明白的，也是直接影响学生学习愿望是否得到满足的因素。

6. 学生差异：化训育障碍为教育资源

虽然坐在同一间教室里，接受几乎完全一样的教育，但每位同学都有自己独有的个性与特点。经常听到一些教师说，这个学生很聪明，那个学生较迟钝；这个学生善于思考，那个学生有运动天赋；这个学生活泼好动、善于交际，那个学生沉默寡言、喜欢独处。学生之间的差异是人类多样性的表现，是日常生活多姿多彩的前提，但在教育教学中，似乎没有多少教师喜欢学生有差异，他们反倒觉得学生之间的差异是提高教学业绩的障碍。可事实上，学生之间的差异并不会因为教师的讨厌而消失。与之相反，它始终存在，我们只能理性地认识与利用它，而不能感性地排斥与消除它。

一

学生之间差异的存在是必然的，只是我们欣赏它的视角不同，它在日常教育生活中有着不同的表现。当我们说这个学生很聪明，那个学生较迟钝时，是根据学生的智力程度来区分的；当我们说这个学生喜欢阅读与写作，那个学生喜欢数学与物理时，是根据学生的智力种类来区分的；当我们说这个学生善于宽泛理解，那个学生喜好深入探究时，是根据学生的认知风格来区分的；当我们说这个学生思维缜密，那个学生记忆超群时，是根据学生的学习风格来区分的。

学生的智力存在个体差异，这已经被广泛接受。智力差异表现在两个方面：一是智力程度的高低差异，一是智力种类的分布差异。虽然很少有人承认自己比别人笨，但基本上所有人都认可的确有些人比别人笨，也有些人比他人聪明。为了将不同个体的智力程度精确地表达出来，智商测量在比奈与西蒙的推动下，曾经成为一种潮流与时髦。凡是智商达不到 70 的孩子，就将因此被送进特殊学校接受教育。可是，随着智商测量的普及与推广，人们发现只是用智商难以解释所有学生的认知行为，比如有的学生语文成绩很差而数学成绩则很好，有的学生考试成绩很差而组织与交际能力则特别优秀。因此，人们开始认识到人与人之间在智力上不但存在"量"的差别，还存在"类"的差别。

当我们用学业成功的学生来验证智力理论时，发现了另外一个现象：成功的学生普遍智商偏高，但其中也不乏智商偏低的人。这个结果是否可以推翻智力理论呢？既然我们能明显地感觉到有些人聪明、有些人愚笨，那就表明人的智力的确有高与低之分。但智力的高低并不是成功与否的必然因素，成功与否还取决于学生如何使用自己的智力。于是，我们将学生使用智力的方式与方法称为认知风格。也就是说，智商只是学习潜力，学生究竟将自己的学习潜力开发到什么程度，还与自己的学习方式与学习方法有关。即使你智商很高，如果没有有效地开发出来，还是无法保证你在学习上取得成功；即使你智商低一点，如果使用智商的方式与方法都很得当，也可以通过高效的智力行为来保证你取得学习上的成功。记得有一次和一名学生玩电脑游戏，游戏规则是将游戏玩完后，电脑通过你玩游戏的水平告诉你你的智商是多少。我有意识地让学生先玩，免得自己因为操作不熟练而丢分。可尽管学生先玩游戏，他还是得到了智商 120 的成绩；虽然我后玩游戏，还是只得到了智商 108 的成绩。然而，我对学生说，尽管我的智商比你低，但我还是比你聪明。学生很不解地问我，为什么会得出智商高的人比智商低的人笨的结论呢？我说，我将自己的智商开发了 90%，而你只将自己的智商开发了60%，当然我就比你要聪明了。虽然这只是一时的狡辩之词，但多少印证了这一观点：智商只是一种潜力，开发出了多少才是结果，而开发水平与开发方式对结果起着重要的作用。

学生的智力水平与认知风格的确有助于学生取得学业成就，但学业成就的获得还深受学习环境的影响。对有的学生来说，安静的学习环境是对他学习的最大支持；而对有的学生来说，安静的学习环境则会让他寂寞难耐。更为重要的是，家长对待学生学习的态度是不一样的，有的家长对学生的学习大包大揽，有的家长对学生的学习不闻不问。因此，学生要取得良好的学业成就，不仅要有较高的智力水平与良好的认知风格，还要有较强的适应环境的能力，我们把学生学习过程与学习环境的结合称为学习风格。尽管学生在学校学习的物理环境是相同的，但由于学生的家庭环境差异巨大，所以学生在学校学习的心理环境完全不同，这使得学生的学习风格很难统一。甚至可以说，学生的学习风格不但影响着学生智力水平的开发，还决定着其认知风格适当与否，更是学生学业成就的最终看护者。

二

学生之间差异的存在是必然的，只是我们对它的使用方式不同，它也就起着不同的教育作用。对待任何事物的态度，要么是喜欢，要么是讨厌，对学生之间的差异也不例外。之所以有人喜欢它，是因为它有利于他所主张的教育教学；之所以有人讨厌它，则是因为它不利于他所主张的教育教学。所以，学生之间的差异只是一个具体的、既成的事实，它对我们的心理态度的影响，并不完全取决于它本身，还与我们的教学理念与教学实践有关。如果我们认为教学只是知识的"复制"，就会为学生的多元差异头痛不已；如果我们认为教学不但是知识的传授，还是对学生多种能力的培养，就会为不同学习风格的学生提供不同的教学模式，还会通过多元的教学模式给予学生多种学习刺激，从而使他们对知识的掌握更为全面与深刻。我们称前者为训育，后者为教育。训育讨厌学生之间的差异，教育欢迎学生之间的差异。

　　人们对教育的理解一直存在"外铄论"与"内发论"之争，前者认为学生犹如一块白板，需要外在的调教与训练，才能在白板上绘就一幅美丽的图案；后者认为每位学生都具有无限的学习潜能，教育只是采用不同的方式与方法去激发这种学习潜能。持"外铄论"的教育者认为，既然每位学生都是一块白板，就没有必要对学生之间的差异有太多的考虑，最好的教育方式就是统一训练；持"内发论"的教育者认为，教学者只是学生学习过程中的引导者与服务者，既然学生之间的差异是必然存在的，那么，教学任务就是服务于持有不同学习风格的学生，而且正因为学生有不同的学习风格，所以教学才因此而多元与丰富。在理论上，大家已经不再坚持"外铄论"，而是乐于谈论"内发论"；可在实践中，"外铄论"始终以操作简单与效果明显而占优势，"内发论"则因抽象而难以操作，即使可以操作，也因效果滞后而处于下风。或许，理论与实践脱节就是这样产生的。

　　由此可见，要将课堂教学从"训育"转变为"教育"，绝不仅仅是要求教育观念的变化，更重要的是要提高教师的教学实践能力、丰富课堂教学资源。在对学生"训育"的过程中，教师享有绝对的权威，学生只是群体中的简单一员，教师的教学成为整齐划一的口令，再加上单一标准与短周期的考试为"训育"煽风点火，"训育"因此而享有实践上的合理性。在对学生"教育"的过程中，教师必须以学生之间的差异为前提，而且要根据它来开展教学活动。因此，与"训育"相比，"教育"更为贴近学生的个性与风格，少了预设而多了生成，这是对教师的教学实践能力的挑战。此外，"教育"旨在培养学生良好的学习风格与较强的学习能力，这是一个稳健的过程，也是一个渐进的过程，当这个过程遭遇类似月考这样的短周期考试时，是抵抗不了"训育"这种以知识接受为最终目的的教学过程的。

三

经常听到这样的说法：将幸福与人分享，幸福将因此而成倍增长；将痛苦与他人分担，痛苦将因此而成倍减少。虽然在生活实践中，幸福的增长与痛苦的减少并不必然会按照这个公式来变化，但"分享"与"分担"的确是我们增进生活幸福感的重要途径。同样的道理，虽然学生之间差异的存在是必然的，可对于特定的学生而言，有些差异的获得是极其幸福的，比如极端聪明；而有些差异的获得则是极其痛苦的，比如性格过于孤僻。对教师来说，最为重要的工作，就是为学生的差异中可以"分享"与"分担"的内容提供有效的"分享"与"分担"的渠道与平台。这需要教师掌握课堂教学的管理能力与组织能力，而这种能力对教师的要求，又远高于其表达能力与分析能力，因为前者需要以学生为对象来实现自己的想法，而后者只需要教师自己的努力就可以实现。

学生掌握新知识的过程，就是将新知识与旧知识进行对比与类比的过程，教育心理学称之为同化与顺应的过程。因此，学生掌握新知识的进度，往往与学生既有的知识背景与人生经验有关。然而，每位学生都有着不同的知识背景与人生经验，强求学生具备统一的知识背景与人生经验，只是徒劳而已。如果让学生将自己不同的知识背景与人生经验表达出来与其他同学分享，这样就会充实其他同学的知识背景，丰富其他同学的人生经验，更有利于所有同学对新知识的掌握。当然，如果接受这样的观点，教师就必须对教学有长远的眼光，能够看到学生的随意学习，能够关注学生学习的知识背景。

学业成绩的好坏的确与智商的高低相关，但并不必然如此。其实，学习方法对学业成绩有着重要的影响。在学生的差异中，学习方法的不同占有很大的比重：有的学生习惯于简单的记忆与复述，有的学生擅长深思熟虑，有的学生喜欢验证与行动，有的学生长于推论与创新。可是，不同学科要求不同的学习方法，即使同一学科不同层次的知识也要求不同的学习方法，而学生在学习方法的多样性上准备得并不充分。掌握足够多的学习方法，是学生在学习特定知识时选择合适方法的前提。而要让学生有足够多的学习方法，只有教师的言传身教是远远不够的（事实上也往往是无效的），学生之间进行学习方法的"分享"可能是最为便捷的途径。当然，如果提倡学生学习彼此的方法，前提是教师自己要认可，有时，学生相互学习比只是向教师学习更为有效。

我们可能还没有改变学生的智商的可能性；而力求改变学生在学习过程中使用智商的方式与方法，也就是改变学生的认知风格，则完全有可能。有的学生智商很高，可他并不将之用在学科学习上；有的学生智商很低，但他因为"笨鸟先飞"而成绩不差。有的学生在学习过程中擅长知识的综合，有的学生擅长知识的分析。有的学生长于学习计划，有的学生长于自我表现。虽然每位学生的认知风格都是值得尊重的，对他个人来说也可能是最合适的，可是如果大家能够了解到更多同学的认知风格，发现除了自己的认知风格外还有更多的选择，那么，这是否有利于学生优化自己的认知风格呢？其实，让学生分享他们的认知风格，就是对学生的认知风格的尊重。

如果我们绕过"训育"而走进"教育"，就不难发现学生的差异并不是课堂教学的障碍，而是蕴藏着丰富教育资源的宝库。只是，当我们并不具备占有与挖掘这个宝库的能力时，这个宝库就是祸根，就是阻碍我们前行的障碍。一旦我们有足够的能力去占有与开采它，它就会让我们在前行的过程中获得更大的动力与支持。

第三辑　育分与育人

1. 用"德育"温暖"课堂"

　　曾经托某校德育主任到高一某班做一个调查，调查题目很简单，就是让学生当场把教师姓名和所教学科写下来。真是不做不知道，一做吓一跳，已经到了高一下学期了，根据当时的调查结果，全班 57 位同学中，居然有 36 位同学不知道历史教师的姓名，有 24 位同学不知道地理教师的姓名，有 12 位同学不知道数学教师的姓名，有 4 位同学把班主任的姓写错了，唯一可以感到欣慰的是语文教师，基本上所有同学都知道他的姓名。当我把这个结果汇报给校长时，校长说，这个结果和教师的教学效果基本呈正比，这个班语文教师最好，历史教师一直是他们的心病，而这个心病由于种种原因难以去除。师生关系的不和谐与课堂教学低效究竟是什么关系呢？莫非它们之间还存在因果关系？如果是，那么究竟是谁影响了谁呢？

一、"错位的认真"不如"不认真"

　　人越小，做事的目的性就越弱，而对过程性的要求则越高。你问幼儿园的小朋友，为什么喜欢上幼儿园，他们的回答一定不是上幼儿园可以学到很多东西，他们更不会说在幼儿园学好东西就可以上好的小学——尽管家长会这么想。最多的答案应该是幼儿园有很多小朋友，大家可以在一起玩。原来幼儿园吸引小朋友的不仅是良好的师资，也不仅是知识，更是有很多小朋友。当然，如果幼儿园教师愿意和小朋友们交朋友，相信幼儿园教师也会成为最吸引小朋友到幼儿园的因素之一。幼儿园的小朋友丝毫不关心在幼儿园能够学到什么，却非常关心在幼儿园的学习过程中是否开心，开心成为小朋友是否愿意上幼儿园的根本原因。可是到高中的时候，如果还有人说喜欢上学是因为学校有很多同学，别人肯定会嘲笑他还没有长大。

人越大，做事的目的性就越强，而对过程的关注则越少。对于学校中的每一天，学生的体会和教师的肯定不一样，学生把教室当作一天校园生活的全部；教师则不一样，每堂课都是带着教学任务来的，虽然在教学设计时也希望把课上得有生机一点，但始终回避不了要完成教学任务。而且，绝大多数教师认为教师办公室才是自己校园生活的主阵地，教室只是自己教学生活的主场地。此外，教师作为工作人员，即使不愿意过多地关注教学任务的完成，也躲不过学校对他的教学要求。如果教师在课堂教学中对目的关注过多，自然而然地对教学过程的关注就少。如果哪位教师认为自己上课非常有趣，但学生就是考不出好成绩，一定会遭到其他同事笑话。反倒是那些整天板着脸的教师，哪怕上课效果不好，可只要学生考出了好成绩，就会赢得大家的尊重，尤其是学校管理者与家长的喜爱。

与 20 世纪八九十年代相比，今天教师的教学水平应该提高了不少。姑且不谈普通话是否标准，多媒体水平是否高超，单看教师的学历水平、教师们在公开课中表现出来的整体素质，似乎都是以前的教师难以相比的。然而，那个时候的学生虽然也学得比较辛苦，但似乎远没有今天的学生学得这么痛苦。虽然那时候也有家庭作业，教师时不时也会把学生留下来补课，还会为优秀的学生推荐一两本课外辅导书，但这一切都比较自然，学生只会觉得它们是一种期待，而不是负累。可让人觉得困惑的是，教师的教学水平提高了，学生的学习负担增加了，但教学效果却远没有八九十年代那么好，这是为什么呢？这不能怪教师不如以前努力，也不能怪学生不如以前勤奋，真正的问题在于教师的努力与学生的勤奋经常错位，而教学效果并不是教师或者学生单独努力就能够实现的，如果缺少了两者的合作，努力只能证明投入多，而与产出并没有必然的因果关系。当学生关注课堂教学的过程性，而教师关注课堂教学的目的性时，两者动机的不同自然就阻碍了师生间的合作，在没有良好合作的前提下，努力与勤奋只能证明自己努力过，教学效率不高或者教学成绩不明显，也就不足为奇了。

二、被"学科知识"掩盖的"师生关系"

教师上课的核心使命，就是要完成教学任务，让学生掌握学科知识，考出好成绩，这是无可厚非的。至于"师者，所以传道受业解惑也"，实在是把教师教育功能泛化了，相信绝大多数教师都知道这句话，从道理上也能理解和接受这句话，但在具体的做法上，还是离不开如何让学生掌握学科知识并考出好成绩这个不得不直面的教学任务。因此，可以说，这样的教学目标是事实。在教学目标上回归现实时，就不得不对过程有更多的考虑。其实，让学生掌握学科知识并考出好成绩，并不是一个容易实现的目标，没有对实现这个目标的过程的深思熟虑，教师就会教得既辛苦而又乏味，学生就会学得既勤奋而又无趣，最终二者都看不到理想的成绩。

教师要帮助学生掌握学科知识，最直接的手段就是把学科知识教给学生，如果一堂课不够，就用两堂课；如果一天不够，就用两天；如果两天还不够，就用更多的时间，哪怕周末也不休息。大家发现当教师不得不花更多的时间去教学科知识时，当学生不得不依靠听课来学习学科知识时，教师的负担自然就会越来越重，学生的负担也不会因教师坚持不懈的讲解而减轻。虽然教师对课堂教学考虑得越来越细，但在整个过程中学生始终处于被动状态，教师的课堂教学越是精细，处于被动状态的学生就会越来越被动。为了让学生掌握学科知识而不断地给学生讲解的过程，看起来非常有道理，富有针对性，毕竟，缺什么补什么嘛，但事实上，针对性却暗含了强烈的功利性，而短视的功利却让课堂教学离有效性越来越远了。当学生在教师眼中只是一个学习学科知识的人，而教师在学生眼中只是一个教授学科知识的人时，可能教师越辛苦，学生越勤奋，效果反而会越差。

其实，不管是教师还是学生，都希望掌握学科知识并考出好成绩，但为什么在共同的目标面前，我们看到的不是教师与学生携手共进，而是在教与学的进程中，双方的关系越来越疏远？当看到初三和高三毕业生将学了三年的书烧掉或者撕掉的时候，我就在想，要是允许他们这样对待自己的老师，他们会作出怎样的选择？教师本意是帮助学生掌握学科知识并考出好成绩，结果却是不但没有帮助学生考出好成绩，还时不时惹学生生气。学生一旦生气起来就不学习，甚至还会顶撞教师。教师看到学生不学习，甚至还顶撞自己，就更加生气。如此恶性循环的病根究竟何在呢？

《礼记·檀弓下》中有一篇文章，讲的是"君子不吃嗟来之食"的故事。原文为："齐大饥，黔敖为食于路，以待饿者而食之。有饿者蒙袂辑屦，贸贸然来。黔敖左奉食，右执饮，曰：'嗟，来食！'扬其目而视之，曰：'予唯不食嗟来之食，以至于斯也！'从而谢焉，终不食而死。"黔敖虽然态度不好，但心还是好的。有意思的是，饿者肯定是需要食物的，但他情愿以死抵制黔敖不好的态度。在课堂教学中，虽然教师的态度不至于比黔敖更差，学生对教师的抵制也不如饿者那么坚定，但这个故事仍然值得我们深思：虽然每个学生都缺乏学科知识，但如果给予学生学科知识的教师教学态度不好，不尊重学生，有可能就会导致学生全面抵触教师，哪怕学生明知这样的抵触会让自己在学习的道路上"终不食而死"。其实，这样的例子在生活中并不少见，现在的家长都希望孩子多吃点，长好身体，于是每顿都是大鱼大肉，还急吼吼地往孩子嘴里塞，殊不知，在没有多种味道搭配的情况下，在没有正常进食速度的情况下，这样做只会让孩子越来越讨厌吃饭，甚至厌食。吃饭尚且如此，学习学科知识又能够好到哪里去呢？

三、"亲其师"才可能"信其道"

学生究竟是先讨厌学科教师再讨厌学科知识，还是先讨厌学科知识再讨厌学科教师？这似乎是鸡生蛋还是蛋生鸡的老问题，很多人只是觉得这个问题好玩，却很难发现这个问题蕴涵的教育意义。试想，如果学生是先讨厌学科教师再讨厌学科知识，那就意味着课堂教学的重点是学科教师要在学生眼中留下一个好的形象，不但要外形好，还要内涵好，这样虽然不会杜绝学生讨厌学科知识，但至少可以避免学生因为讨厌学科教师而讨厌学科知识的局面产生。如果学生是先讨厌学科知识再讨厌学科教师，那么，在这种情况下，学科教师的可为之处并不多，既然学生已经讨厌学科知识了，学科教师要改变学科知识在学生眼中的形象，难度不小；而且，教师在改变学科知识形象的过程中，如果态度不好或者方法不到位，不但改变不了学科知识的形象，反而会把自己在学生心目中的形象也给破坏了。

坐飞机的时候，飞机上的安全告知每次都会提醒我们，当飞机遇到意外时，一定要先为自己戴上氧气罩，然后再给身边的小孩戴上。每次听到这个告知的时候，我都特别想不通，怎么忍心这样对待小孩呢？直到有一次问空姐后，才明白其中的道理：如果你不给自己戴上氧气罩，可能两个人都会遭遇意外，因为小孩完全要依赖你的帮助才可能脱离危险，不仅仅是帮助小孩戴氧气罩，还包括戴上氧气罩后的脱险行动；如果你抓紧时间给自己戴上氧气罩，那么还可能有机会去救身边的小孩。如果把学科知识当作小孩，当教师与学科知识都有可能成为令学生讨厌的对象时，由于学科知识是死的，教师是活的，所以，要改变这种状况，教师的首要工作并不是去保护学科知识，而是要尽其所能地保护好自己在学生心目中的印象，只有有了教师自己在学生心目中的好印象，才有可能慢慢地改善学科知识在学生心目中的形象。如果教师为了体现自己先人后己的"美德"，在学生已经讨厌学科知识的情况下，还要尽其所能地要求学生喜欢学科知识，那么，最后的结局往往是学生并没有喜欢上学科知识，反而连学科教师也讨厌起来。

从另一个角度来看，学生究竟是先喜欢学科教师再喜欢学科知识，还是先喜欢学科知识再喜欢学科教师呢？不排除有的学生天生就喜欢某个学科，而不管教这个学科的教师是否讨他们喜欢，对他们的影响都不大，这就意味着学科教师对他们学科学习的帮助也不会特别明显。然而，课堂教学的功能就在于学科教师能够通过自己对学科知识的解读与讲授，让不喜欢这个学科的学生喜欢上这个学科，让喜欢这个学科的学生更喜欢这个学科。在一堂课中，教师的任务是让学生掌握学科知识，但就整个课程教学而言，让学生喜欢上学科课程才是最根本的目的，因为只有喜欢才可能有学生的主动学习，只有喜欢才可能有学生的持续学习，有了学生主动而又持续的学习，学生才可能在这门课程的学习之路上走下去，而且很好地走下去。

课程改革提出课程学习的三维目标为知识与技能、过程与方法、情感态度与价值观。教师们很容易描述清楚知识与技能的目标，对过程与方法也还能够理解，但对于情感态度与价值观的理解就很困难了，因为同样的课堂教学行为，有可能在学生心目中形成完全不同的情感态度与价值观。同样的道理，如果想在学生心目中形成完全相同的情感态度与价值观，那就意味着教师要提供多元的课堂教学行为。在知识与技能目标已经被限定的情况下，能够有效实现知识与技能目标的课堂教学行为在理论上是单一的，正因为单一与多元之间的冲突，教师为了培养学生完全相同的情感态度与价值观会选择多元的课堂教学行为，甚至不惜牺牲课堂教学在知识与技能目标上的有效性，相信这是绝大多数教师所不愿意的。其实，课堂教学中学生的情感态度与价值观很难说是教师通过课堂教学行为而培养出来的，它往往是受到教师在课堂教学中表现出来的对待学科知识、对待学生、对待自己的情感态度与价值观的感染而形成的。因此，在三维目标中，可以将知识与技能、过程与方法看成是课堂教学的直接目标，而将情感态度与价值观看成是课堂教学的间接目标。注意，说情感态度与价值观是课堂教学的间接目标，并不意味着这个目标就不重要；正好相反，正因为情感态度与价值观是课堂教学的间接目标，所以，要实现这个目标往往需要更多的知识与智慧，既不能直接告诉学生你在情感态度与价值观上想达到什么目标，也不能在课堂教学中采取过于明显或者直接的行为或行动。

四、"教师"是"学科教师"的前提

如果说课堂教学就像动物喂食一样把学科知识灌给学生就可以了，那么教师这个职业也就太简单了，只要教师自己有足够的学科知识就可以了。问题在于动物喂食与学生学习学科知识之间有本质区别，那就是学生就是学生，动物就是动物，也就是说，我们必须把学生当作人来看，而不能把他们当作动物来对待。如果我们把学生当作渴求学科知识的动物来对待，那么，学生就不会主动地学习学科知识，而且这样教出来的学生，哪怕掌握了学科知识也没有多大价值。

教师与学生最大的区别，在于教师掌握了学科知识而学生没有掌握；两者最大的相同之处，在于不管是教师还是学生，都是希望得到尊重与人性化对待的主体，而不希望被别人当作实现某种目的的工具。虽然我们说教师的直接使命就是帮助学生掌握学科知识并考出好成绩，但如果所有学生都认为，教师就是拿来帮助自己学习并让自己考得更好的工具，相信即使给教师再多的工资，也不会有多少人愿意从事这个行业。同样的道理，如果教师把学生当作取得良好教学业绩的工具，那么，学生越来越讨厌学习也就不再是一件奇怪的事情了。当然，由于良好的教学业绩往往与良好的学习成绩相等同，教师不容易感觉到自己把学生当作取得良好教学业绩的工具，而认为自己把学生当作取得良好学习成绩的工具。由于学生取得良好的学习成绩有利于他未来的发展，所以，教师认为把今天的学生当成学生明天成功的工具也是值得的。然而，在学生看来，他们是今天的学生，就得过今天的生活，只有过好了今天的生活才可能感受到明天的未来；通过牺牲今天的生活去换明天的未来，既是不值得的，也是不可预期的。此外，虽然把学生当作取得良好教学业绩的工具和取得良好学习成绩的工具是一回事，但由于角色不同，教师容易把学生当作取得良好学习成绩的工具，而学生容易把自己当作教师取得良好教学业绩的工具，这个定位上的差别也是导致课堂教学低效的根本原因之一。

　　课堂教学的确有许许多多需要注意的地方，比如学科知识的编排、教学组织形式的安排、教学进程的控制、教学秩序的形成，等等，但所有这些都需要一个前提，那就是教师与学生首先要以人的身份相互尊重与交流，也正是在相互尊重与交流的过程中，学生从教师那儿学会了如何尊重人、如何与他人交流，教师从学生那儿获得了为师的尊严与成就，这就是我们天天都在琢磨却总也找寻不到的德育的本质。在课堂教学中找不到德育，德育不在课堂教学中发展，最后的结果就是课堂教学中人与人之间的尊重与关怀越来越少，学科知识与考试成绩的味道越来越重；而德育工作由于缺少了课堂教学与学科知识这个载体，变得空洞无味，不得不提高德育的腔调，并用一些抽象而又无从判断能否实现的原则作茧自缚。德育就是教学生如何做人，尤其是如何处理好人与人之间的关系。可事实上，我们的教师每天的一言一行都在向学生示范，教师如何对待学生，学生自然也就如何对待教师、对待同学，以及未来对待他人和自己的祖国。因此，当我们把自己的身份定位为学科教师时，往往因为有了学科而把教师的身份弄丢了，而没有想到是先有教师身份，然后才能延伸出学科教师身份。当每一位学科教师首先都把自己当教师看，然后再把自己当学科教师看时，我们的课堂才可能少一些策略与技巧，在学科知识的灌输上才可能减小强度，从而变得更有温度。当一个课堂多了知识的效度却缺少人与人之间的温度时，教育就走不远，学科知识也就走不了多远；与之相反，有了温度一定少不了效度，我还是相信这句话——"留得青山在，不怕没柴烧"。

2. 并非只有"师爱"才能催生教育

一位老师在演讲词中动情地写道："母爱容易出现溺爱，友爱需要回报，情爱是自私的爱，而师爱才是一种严慈相济的爱，是一种无私纯洁的爱，是一种高尚永恒的爱。它，可以使学生由无知变得博学，由稚嫩变得成熟，由叛逆变得理智……"其实，对师爱的伟大还有很多赞美之词，之所以选择这位老师的演讲词，是想证明对师爱的推崇是多么普及！我无意反对这位老师对师爱的理解，一则，这是她个人的教育人生观；二则，我也不敢反对教师应该给予学生"一种严慈相济的爱"、"一种无私纯洁的爱"、"一种高尚永恒的爱"。我质疑的是有了师爱就"可以使学生由无知变得博学，由稚嫩变得成熟，由叛逆变得理智"的观点。难道只有"师爱"才可以实现教育目的吗？难道有了"师爱"就可以实现教育目的吗？

一、"师爱"离"教育"还有多远

如果要歌颂爱这种情感，我想最该称颂的是母爱。事实上只有母爱才是最无私的，只有母爱创造的奇迹才是最多的。可惜，当我们在歌颂母爱的伟大时，却很少追问伟大的母爱是否造就了孩子的伟大。只是通过逻辑推理就可以得出，伟大的母爱在造就"孩子的伟大"上效率极低。尽管每位母亲对孩子的爱都是伟大的，可真正伟大的孩子却非常稀少。在每一位母亲的眼中，自己的孩子可能都是最伟大的，都是最优秀的，但毕竟这只是个人的感受而已，这种伟大与优秀是虚拟的，在伟大母爱的真实性面前显得那么脆弱。

传统观点认为，你要赢得他人的爱，就必须先将爱给予他人。对于这样的观点，从"让世界充满爱"的目的出发，我是完全赞成的，可对于这句话本身，还有两个问题值得商榷："赢得他人的爱"一定要以"自己爱他人"为前提吗？自己将爱给予他人就一定可以赢得他人的爱吗？

在现实生活中，很多人赢得了他人的爱，可并没有将爱给予他人。孩子从母亲肚子里钻出来，他自己一无所有，却赢得了这个世界上最无私也最伟大的爱。在青年人的恋爱中，除了一见钟情之外，往往是一方莫名其妙地赢得了另一方的爱，而这种爱有可能得到对方的回应，也有可能招致对方的反感。在明星与"粉丝"之间就更是如此了，每位明星都赢得了数以万计"粉丝"的爱，可这些明星根本就不认识这些"粉丝"，说得功利一点，这些明星不但没有对"粉丝"们付出爱，反而依靠"粉丝"们付出的爱而赢得市场与知名度。是故，要赢得他人的爱，对他人付出自己的爱是一种方法，但并不必然如此。而且，有时你为他人付出了自己的爱，却不一定能得到他人对你的爱。

生活中最郁闷的事情，就是你为对方付出了很多关爱，而对方对你的付出却毫不在乎。时间长了，你对对方就会由爱生厌。事实上，教师们经常能够感受到这种令人郁闷的事情，只是不一定明显而已。不敢说所有的教师都会爱上自己的学生，也没有理由说教师从一开始就会莫名其妙地恨自己的学生。从有利于开展教学工作的角度来看，教师喜欢学生的概率比讨厌学生的概率更大，毕竟讨厌学生会极大地增加教学工作的难度。虽然从逻辑上教师们都应该喜欢学生，可为什么在现实的教学工作中师生关系的差异那么大呢？这就与教师对学生的爱换回学生对教师的爱的比率有关。当教师对学生的爱能够换回学生成倍的爱戴时，教师就会增加对学生的关爱，从而使师生关系充满爱意。如果教师对学生的关爱不能激发学生的学习动力，反而让学生讨厌教师，教师也会因此减少对学生的关爱，甚至讨厌学生，这样，师生关系就会越来越差。因此，决定师生关系的并不是教师是否应该爱学生，而是教师对学生付出的爱能够换回学生对教师的爱的比率。要真正提高这个比率，需要的是教育智慧，而不是简单地增大感情投入。因为感情投入越大，感情的使用效率越低，教师对学生的反感就越厉害。

二、爱他人是学生敞开学习心灵的前提

母亲对孩子的爱并不都是因为孩子本身可爱而产生的，有孩子本身就可爱的原因，但更多的是因为母亲在孩子身上的巨大投入。可是，不管是因为孩子本身可爱，还是因为母亲为孩子投入太多，只要母亲对孩子有了这份感情，就愿意继续为孩子付出，哪怕付出自己的生命也在所不惜，而且很少有例外。青年人的恋爱过程也是如此，当一方爱上另一方时，不管对方是否认可，也不管对方是否给予相应的回报，都愿意给予对方更多的付出，哪怕赴汤蹈火也在所不惜。"粉丝"对明星就更是如此了。还记得一位小女孩的故事，一天她妈妈问她："你为什么天天去读书啊？"她答道："读书就可以考上大学，考上大学就可以赚很多钱。"妈妈继续引导："那你赚了钱拿来干什么呢？"女儿回答："赚了钱我就可以去香港看刘德华。"妈妈听到此话无语了！因此，一方是否愿意为另一方付出，并不是因为对方为自己付出了多少，而是看自己对对方是否有感情。我想，师生关系也不例外。

因此，学生是否愿意读书，并不是因为家长与教师为他付出了多少，而是看学生对家长与教师是否有"真爱"。师爱并不必然会导致学生喜欢读书，在某些情况下，比如在师爱没有得到很好表达的情况下，反而有可能导致学生讨厌读书。比如，有一位天天关心学生考试成绩的教师，尽管他对学生有真感情，可由于他是关心"学生的学习"而不是关心"学生这个人"，所以，这种关心会给学生带来压力，并使学生讨厌这位教师，进而讨厌这

门学科。如果学生爱戴教师，他就会发自内心地拥护这位教师，进而将这种拥护转化为学习动力，而不去追问这份爱戴来自何处，也不去追问教师为他付出了多少关爱。事实上，学生对优秀教师的爱戴往往是没有理由的，即使有，教师自己也讲不清楚。

为了让学生喜欢上学习，我们往往采用三种方法：晓之以理、动之以情、诱之以利。学生不喜欢学习并不是因为不懂读书的道理，而是因为他们的自控能力还没有达到听从道理的程度。因此，"动之以情"与"诱之以利"就成为两种主要的劝学方法。但现实情况是，教师对学生越是"动之以情"，家长与教师对学生越是"诱之以利"，离学生因爱戴教师与家长而好好学习的距离就越远。

动之以情，主要是用来要求教师的，人们认为只有教师对学生有真爱，才会对教学有责任感，才会对自己的职业有兴趣。只有教师对学生付出了真爱，学生才会因此而喜欢教师，进而喜欢上教师所教的学科。可事实上，教师对课堂教学、对自己的岗位，首先得有责任感，然后才有可能关爱学生，而不是因为关爱学生，才对自己的岗位、对课堂教学有责任感。我们可以想象一位教师对课堂教学有责任感但却无法爱上学生，却难以想象一位教师没有责任感而关爱学生。曾经听过一位英语教师的课，她以前是教高中英语的，为了调进城里而到现在的学校教初中英语，所以，她的课堂注重英语知识而缺少初中生喜欢的课堂氛围。在她的课堂上，我们能够感知到她对课堂教学的责任感，但与此同时，也发现她对学生没有任何好感。其实，即使她在内心深处讨厌这群学生，我们也可以理解。但正是出于对自己的岗位的责任感，她仍然努力搞好课堂教学，并希望有一天这群学生能够接受并喜欢上她。因此，真正打开学生学习心灵的，并不是教师对学生"动之以情"，而是学生对教师"动之以情"。

"诱之以利"既是对家长的要求，也是对教师的要求。大家认为学生学习是一件辛苦的事，因此，家长和教师为了激发学生的学习动机，就给予学生相应的奖赏。于是，家长为了让孩子安心学习，把所有的家务活都包揽了，对孩子提出的要求都给予满足。教师为了让学生愿意学习，把从"红五角星"到"学习龙虎榜"的十八般武器都用上了。可是，学生并没有因为家长与教师的"无私奉献"而勤奋学习来回报自己对家长与教师的"无私奉献"。与之相反，正是家长与教师的"无私奉献"，才培养了学生"无偿占有"的习惯。学生养成"无偿占有"的习惯后，就不可能再去要求他们爱戴家长与教师，也不可能再去要求他们对家长与教师负责任，更不可能再去要求他们因为爱戴家长与教师而好好学习了。

三、"爱自己"才是给予学生的最好的师爱

如果没有学校，教师与学生就只是路人，我们既不会要求教师关爱学生，也不会要求学生爱戴教师。教师为了谋求自己的职业，为了展现自己的专业价值，来到学校，并接受了教学这个岗位。学生为了学习知识，为了提高自己的能力，来到学校，并接受了学生这个身份。正因为教师接受了教学这个岗位，我们才对教师关爱学生有了期待；正因为学生接受了学生这个身份，我们才对学生爱戴教师提出了要求。可是，我们不能因为有教师关爱学生的期待、学生爱戴教师的要求，就忘记教师与学生来到学校的真正目的。

事实上，教师关爱学生最好的方式，就是帮助学生掌握学科知识，进而提高他的学习能力；而学生爱戴教师最好的方式，就是尽可能高效地接受教师在学科学习上的帮助与指导，进而通过展示自己的学习价值以显现教师的教学价值。因此，任何离开教育教学工作来谈论师爱的行为，都远离了教育的要求，这种行为在伦理上有可能无懈可击，但对于学校教育目的的达成却没有实质意义，这本身就是对师爱的背叛。

既然教师关爱学生最好的方式，就是帮助学生掌握学科知识，进而提高他的学习能力，这就对教师不断提高自己的教学能力提出了要求。也就是说，教师对学生的关爱，并不仅仅表现为对学生的学习行为与日常生活

的关心，更重要也是师爱最为本质的内容，是教师对自己专业发展的关爱。一位爱学生的教师，应该是教育教学专业能力很强的教师，至少是一位积极进取并坚持不懈提高自己教育教学专业能力的教师。与之相应，在教育教学过程中，你对学生的学习行为与日常生活的关心也是值得提倡的，但如果你因为对学生学习行为与日常生活的关心而降低了对自己教育教学专业能力的要求，或者丧失了提高自己教育教学专业能力的机会，那么，这是对师爱的误读。因为学生通过努力可以替代教师的关心，但不管学生多么努力，也替代不了教师在教育教学上的功能。

在学校，我们不仅仅希望教师帮助个别学生的学科学习，更期待教师帮助学生群体的学科学习。如果仅仅将学生群体的学习动机寄希望于教师对学生的关爱，我想这个希望得以实现的可能性是很低的。姑且不论师爱可以在多大程度上换回学生对教师的爱，进而让学生喜欢上教师所教的学科，单从教师对学生群体负责任的要求来看，就很难要求教师关爱班级中的所有学生。即使教师能够同时关爱上百位学生，对每位学生来说，这份关爱是否也太轻了，甚至轻得让学生无法对教师产生爱戴？因为泛滥的关爱更容易让人产生虚伪之感。因此，当我们要求教师对学生群体负责任时，教师最好的办法并不是花大量的时间与精力去"关爱"每位同学的学习行为与日常生活，而是将更多的时间与精力用于关爱自己的教育教学能力，包括如何用只能分配给每位学生的少量的师爱换取学生对教师的更多关爱的能力。

"爱不等于教育，但教育不能没有爱；不是我爱学生，而是学生爱我；学生都是爱老师的，关键是老师能否感知学生的爱；爱只能在爱中去培养；爱心不等于教育，只有加入民主的内涵才是完整的。"这是李镇西老师的隽语，他用他的成功证明了这段话，因此，我就借用他的这段话来印证自己的观点。只是他寻找到了民主这种感知与培养学生爱老师的方法，而我们在教育教学中还能找到更为有效的方法吗？其实还有一位非常成功的老师，也表达了同样的意思："我不会教书，是学生教会了我教书；我不会改变后进生，是后进学生帮我学会了怎样教后进生；我总是与学生商量着怎么学、怎么教。"这位教师就是魏书生老师，我想这段话不仅表达了魏书生老师为人的谦和，更表明他寻找到了如何感知与培养学生爱戴教师、帮助教师的方法。

3. 探寻被师爱遮蔽的教育真谛

　　曾深深地被《读者》上的一则故事感动：在一个黑人社区，同一代的少年都成名成家了。记者闻讯追根溯源，原来这一代少年都曾接受过同一位女教师的教育。当记者问这位退休在家的老教师何以培养出这么多优秀青年时，她只是轻描淡写地说了一个字——"爱"。当我用一位教师的身份再来感受这则故事时，我又感到恐惧与担忧，难道爱可以替代全部的教育？当我既不再感动，也不再恐惧时，我又追问自己：爱在课堂教学中究竟起着什么样的作用呢？爱在课堂教学中又是如何发挥作用的呢？

　　让人困惑的是，从课堂教学的角度来看，教师开展教学工作的前提并不是爱学生，而是履行自己的职责。换句话说，不管教师爱不爱学生，只要他当了教师，进了教室，面对学生，就有义务开展课堂教学工作。如果爱学生是课堂教学的前提，那么，教师今天情绪不好，无法对学生产生"爱"，是否可以允许教师休假呢？如果爱学生是课堂教学的前提，那么，教师为了履行自己的教育职责，是否必须对自己的感情收放自如呢？也就是说，哪怕你在教室外对学生有意见，一进教室就必须爱上学生呢？如果爱学生是课堂教学的前提，那么，教师为了对全班同学的教育负责任，是否可以同时爱上几十位甚至上百位同学呢？人的感情真的可以如此随心所欲，真的可以如此豁达与泛滥吗？如果这一切都可以成为现实，那么，这种爱还有意义吗？

只有我们相信教师即使在不爱学生的情况下，也仍然能够保质保量地完成课堂教学任务，我们对学校教育才会完全放心。如果我们把教育寄希望于教师的感情，而不是教师的理性，那么，教育就不可能成为一项科学的事业，而成为教师释放感情的工具。道理非常简单，教师既可能爱上学生，也可能讨厌学生；既可能今天爱上学生而明天讨厌学生，也可能今天讨厌学生而明天爱上学生。可课堂教学并不允许教师在工作中有这么大的情绪波动，不可能允许他们今天好好教学而明天讨厌教学，更不可能允许他们一会儿好好教学，一会儿又讨厌教学。课堂教学追求的是稳定性与科学性，它要以教师的理性与智慧为前提。

不知从什么时候开始，对"师爱"的强调达到了这样的高度：如果没有师爱，就不可能拥有教育。在教育史上，强调的并不是教师爱学生，与之相反，对学生爱戴教师的强调则是一直存在的。古时候，至少在印刷术应用之前，由于复制教材的成本过于昂贵，只有教师才拥有教材，因此教师垄断了教材中的知识。在这种情况下，学生如果要得到教师的"真传"，就必须忠诚于自己的老师，而且要以爱戴自己的老师为受教育的前提，所以才有"一日为师，终生为父"的要求。在学徒与师傅之间，就更是如此了。学徒为了获得师傅的"看家本事"，不但要在感情上爱戴师傅，还要在职业上接受师傅的"剥削"与呵斥。至于为什么要求教师爱学生，甚至要求教师视学生为子女，我还真没有寻找到足够的理由，除了伦理上要求人与人之间应该相互理解与爱戴之外。

事实上，教师爱学生并不是课堂教学的前提，而学生爱老师才是真正的学生参与课堂教学的前提。因为我们很难想象一位讨厌学科教师的学生，还能够完全参与这位学科教师的课堂教学，还能够理解与接受这位教师传授的知识与方法，还能够真心地接受并学习这位教师的思想与道德品性。正如我们通常所说的，学生很难因为喜欢某一学科而喜欢学科教师，往往是因为喜欢学科教师而喜欢他的课，因为喜欢他的课而喜欢他所教的学科，并因此积极投身于学科知识的学习之中。因此，学生是否爱戴自己的老师，成为学生是否能够参与学科学习的前提。因此，为了让课堂教学能够对学生产生真正的教育效果，为了学生能够真实地参与课堂，我们似乎更应该提倡学生爱戴教师。让学生爱戴教师的理由远比让教师爱学生的理由更为充分，比如伦理上要求尊师，比如让教师把自己的真本事教给学生，从而让学生更好地融入课堂并真诚地接受教师的教育。

当然，说教师爱学生不是教师开展课堂教学的前提，并不意味着提倡教师不要去爱学生。从履行职责的角度来说，我们要求教师即使在不爱学生的情况下也要履行好自己的教学职责，这是责任，而不是情感。当然，如果教师在履行自己教学职责的情况下，还能够真诚地热爱学生，那么，这将会极大地提高教师课堂教学的效率。一方面，教师对学生的爱会让教师对课堂教学工作更积极地投入，不仅在学科知识的准备与教育智慧的使用上，还在教育情感与教育激情上有更多的投入；另一方面，教师对学生的爱也有助于激发学生对教师的爱，从而有助于学生形成对教师的良好印象，并积极地参与教师组织的课堂教学活动。所以，我们只是把教师即使不爱学生也要做好课堂教学工作，作为对教师的底线要求。但与此同时，我们也期待着教师能够对学生投入更多的情感，这不仅是为了协调师生间的人际关系，也是为了提高课堂教学效率，使课堂教学对学生的影响更为积极。

问题在于，既然教师对学生的爱可以提高课堂教学效率，为什么我们就不能把它作为要求教师爱学生的原因呢？从逻辑上说，教学是教师的工作职责，而教师是否爱学生是教师的个人情感。我们没有权利要求教师在履行工作职责时，还必须付出自己的个人情感。虽然我们希望如此，但不应该将它看作教师的责任。事实上，教师对学生的爱并不必然会带来教学效率的提高，只有能够激发"学生对教师的爱"的"教师对学生的爱"，才可能提高课堂教学效率，因为学生之所以喜欢学科教师并积极参与课堂教学活动，并不是因为教师爱他们，而是因为他们爱教师。然而，要让自己对学生的爱激发出学生对自己的爱，不仅仅需要教师的激情与情感，更需要教师的教学艺术。

在日常生活中，"因爱致恨"的情况并不少见，对于青春期的孩子来说尤其如此。父母对孩子的爱是无私的，可往往因为表达方式的错误而导致孩子讨厌父母，比如父母因为过度关心孩子的生活而侵犯其隐私。在教育中也不乏"因爱致恨"的例子，其中最典型的就是把"关心学生"转换成"关心学习"。每次考试结果出来后，基于对学生学习情况的关心，教师都特别看重学生的考试成绩。然而，对于学生，尤其是考得不好的学生来说，他们并不需要教师和他讨论成绩的好坏，而需要教师理解他的辛苦。在他们看来，教师对学习成绩的关心是功利的表现，而教师对他们学习过程的关心才是爱的表现。当教师对学生的爱没有激发出学生对教师的爱时，教师就在浪费自己宝贵的情感资源；如果教师对学生的爱反而导致学生对教师的讨厌，那么，教师不但浪费了自己宝贵的情感资源，而且浪费了课堂教学中让自己走近学生的机会。因此，教师爱学生有可能提高课堂教学效率，但如果教师没有掌握"爱的艺术"，也有可能大大地降低课堂教学效率。

当我们要求教师爱学生，尤其是把爱学生当作一项职责时，就容易产生两种我们平时没有注意到的坏的结果。一是教师的情感是有限的，很少有教师会真心地爱上所有的学生。既然它发生的概率如此低，我们还把它当作一项"要求"提出来，这本身就是对这种"要求"的否定。比如，我们要求中学英语教师都要过专业英语八级考试，可绝大多数中学英语教师都没有通过，这种现实本身就是对这种规定的否定。因此，有这种规定反而比没有这种规定有着更坏的影响，在高要求或者无法实现的要求面前，放弃会让人心安理得。二是当我们要求教师爱学生时，学生就会在情感上依赖教师，甚至对教师提出"过分"的要求，这样反而减少了学生爱教师的机会。当课堂教学过程中出现师生关系不和谐的情况时，如果我们首先怪罪的是教师而不是学生，那么很少有学生会去反思自己。当我们一味地怪罪教师时，教师并不会因为学校管理者的怪罪而喜欢上学生；同时，学生认为这并不是自己的责任，也就更不会因此而反思，而喜欢上教师。事实上，师生间不和谐，最终受到伤害的仍然是学生，毕竟课堂教学最终并不是为了教师教学，而是为了学生学习。

　　教师爱上所有学生的概率很低，因为学生实在太多了；而学生爱上所有教师的概率却相对高一点，毕竟教师就那么几位。既然学生爱戴教师是学生参与课堂教学活动的前提，那么，我们一方面应要求学生尽可能地尊重教师；另一方面，也要教育学生养成爱戴教师的习惯。前者是为了帮助教师提高课堂教学效率而对学生提出的外在要求；后者是为了帮助学生更积极地参与课堂教学活动，提高课堂教学对学生学习帮助程度的潜在要求。令人遗憾的是，当我们今天对教师的要求越来越高的时候，学生对教师的爱戴却越来越少。当学生对教师的尊重与爱戴越来越少时，学生的厌学情绪也就越来越浓。令我们心痛的是，我们把学生厌学的情绪也归因于教师，从而要求教师去加倍地爱学生。少数富有教育艺术的教师因为爱学生，的确改造了一些学生，但更多没有高深教育艺术的教师，反而因为自己对学生的爱而让学生离自己更远，从而更加讨厌学生，教育的鸿沟也因此越来越大！

4. 学科教学与学生德育的冲突与融合

　　教导处与德育处是学校组织机构中的两大支柱，教导处牵引着学科教学急速前行，德育处带着学生德育奋勇前进。学校正是在总务处的强力支持下，通过教导处与德育处的不断进取，而赢得学校的教育品位。虽然在理论上学科教学搞好了有利于学校教育品位的提高，学校德育搞好了也有利于学校教育品位的提高，然而，只是学科教学急速前进，难免会因为缺少德育的支撑而落入功利的泥沼之中；只是学生德育奋勇前进，难免会因为缺少学科教学的载体而陷入空泛的陷阱之中。在教育实践过程中，教导处是对学科教学负责任的，德育处是对学生德育负责任的，它们并不对学校教育品位的提高负责任。这种组织功能的划分为学科教学与学生德育的协调发展埋下了冲突的种子。在学校管理过程中，不但经常听到教导处主任责怪德育处主任搞了太多的课外活动，还经常听到学科教师埋怨班主任占用学生学习时间去搞"花样"；不但经常听到德育处主任责怪教导处主任只顾给予学生应试压力而不问学生学习动机与精神动力的培育，还经常听到班主任埋怨学科教师只管自己的学科教学而不问学生整体发展和学习的体会与感受。

一、学科教学与学生德育的冲突与论争

　　学校原本只有一个目标，就是提高学生的综合素养，为了更有效地实

现这个目标，我们将它分解成三个目标，即学生的体质、智识与德性。由于体质是智识与德性的根基，所以体质就作为基础性的目标隐藏在学校整体目标之中。尽管有部分目标以体育课程呈现，但通过对当前学校教育实践的考察，可以发现今天的体育课程其实是以学科教学的身份呈现的。所以，学生综合素养在学校教育中就被分解为智识目标与德性目标，智识目标以学科教学为主导，德性目标以学生德育为主导。

曹植的《七步诗》是文学史上的绝唱，因而留传于世。"萁在釜下燃，豆在釜中泣。本自同根生，相煎何太急？"豆与豆萁本是同根相生，可现在却将两者分开来，用豆萁作燃料来煮豆，既燃烧了豆萁，又煮熟了豆。这是今天学科教学与学生德育工作之间的冲突的真实写照。智识目标与德性目标都来自学生综合素养这个总的目标，可是将它们交由教导处与德育处分别完成，让它们通过学科教学与学生德育分别实现，它们的矛盾却并不会因为"同根生"而消融。因为它们都要以学生为载体，以学生的学习时间与学习能力为资源，所以为了更有效地实现"自己的目标"，它们就难免会在稀缺资源——学生有限的学习时间与学习能力——的争夺中"打斗"起来。虽然结果是"既燃烧了豆萁，又煮熟了豆"，可它们仍然乐此不疲。在日常教育生活中，"学科教学"与"学生德育"之间的冲突具体表现在以下几个方面。

第一，学科教学与学生德育间的教育理念之争。学科教学崇尚的是行为主义的做法，要求学生在学科学习中一步一个脚印，在通向智识目标的进程中步步为营，哪怕这个进程中充满了艰难险阻，也要"书山有路勤为径，学海无涯苦作舟"。学科教学相信只有对学生进行外在的知识点的刺激，才可能有考场上知识点的输出，因此，在教育教学过程中，学生需要花更多的时间与精力在学科学习上，才可能接受更多知识点的刺激，才可能在考场上有更多知识点的输出。至于知识点从"刺激"到"输出"的过程，由于难以分析与把握，只好将它当作黑箱处理。学生德育崇尚的是建构主义的做法，认为学生成长的过程是一个自我建构的过程，任何教学活动都是外在的帮助，不可能因为教师对学生的知识点的刺激就自然带来学生在考场上的知识点的输出。因此，学生德育强调对学生思想品德的引导，强调对学生学习动机的激发，强调具体教学活动对学生德性的影响与塑造。学科教学关注学生对知识点的掌握，因此更看重教学过程中的短期效应；学生德育关注学生德性的成长与学习动机的激发，因此更看重教育过程中的长期效应。两者在长远目标上原本没有矛盾，可一旦将学科教学与学生德育置于特定的时间段，矛盾就会不可避免地产生。

第二，学科教学与学生德育间的部门利益之争。虽然学生综合素养的提高，仍然是学校整体的责任，但是，教导处作为学校的一个部门，只对学生的学科教学负责任；德育处作为学校的一个部门，也只对学生的道德教育负责任。而且，我们在考评教导处与德育处的工作成效时，并不是用学科教学与学生德育对学生综合素养的贡献程度来评价，而是分别对教导处在学科教学上的业绩、德育处在道德教育上的业绩加以考评。于是，不管是教导处的管理者，还是接受教导处管理的教研组与备课组，甚至学科教师，都着力于追求学生在学科教学上的成绩，以提高自己在学校考评工作中的得分。同样的道理，不管是德育处的管理者，还是接受德育处管理的年级组与班主任，都着力于追求学生在道德教育上的表现，以提高自己在学校考评工作中的得分。当两个部门都着力于提高自己部门的工作绩效时，原本融为一体的智识目标与德性目标被人为分开，实现目标的过程也由互动的过程转化为矛盾与冲突的过程。

学科教学与学生德育间的部门利益之争，还渗透到教育教学的基层——学科教师与班主任的工作过程之中。学科教师受备课组、教研组与教导处的管理，自然要对备课组、教研组与教导处管理的学科教学负责。这还不算问题，问题在于如果他只对学科教学负责任，就会使学科教学变成地地道道的应试教育。班主任受年级组与德育处的管理，自然要对年级组与德育处的工作目标负责任。而且，由于学科教师只对学生的智识目标负责任，所以班主任只能独自对学生的德性目标负责任。由于班主任往往是由学科教师兼任的，他们不但可以理解其他学科教师对智识目标负责任的情况，还要对自己所教学科的智识目标负责任。这样一来，班主任不但成为班级德性目标孤独的责任人，还成为班级德性目标与知识目标间的调和人。

第三，学科教学与学生德育间的教育资源之争。与学生的综合素养的提高相比，学校的教育资源永远都是稀缺的。既然学校的教育资源永远都处于稀缺状态，那么教导处与德育处作为学校的两个职能部门，自然存在着教育资源之争。而且，由于两个部门有着不同的教育目标，如果能够争取到更多的教育资源，肯定可以更好地实现自己的教育目标，尽管通过努力也可以更好地实现自己的教育目标。在学校教育教学过程中，稀缺的资源包括物质层面的教育经费与教学设施等，更为可贵也最为稀缺的，是学生的有效学习时间。而学生有效学习时间受制于学生的学习时间、学习动机与学习兴趣。为了争取到更多有效学习时间，教导处与德育处都必须强调自己的教育目标的重要性，以此吸引学生在自己主导的工作与项目上投入更多有效学习时间。此外，教导处与德育处还会利用对学生的管理权，强制学生在自己的教育目标上投入更多有效学习时间。尽管在教育资源的争夺上，以智识目标为导向的教导处往往占上风，但并不能因此而认为这是学科教学与学生德育之间的融合，也不能因此而认为这种现状一定有利于学生综合素养的提高。

二、学科教学与学生德育的功能互动

尽管我们可以把学生的综合素养简单地划分为体质、智识与德性，但是学生体质的培育、智识的增加与德性的培养并不是简单的并列关系。因此，学校教育的体质目标、智识目标与德性目标，也不能分解开来独立完成。尽管在理论上我们可以将学生的体质、智识与德性分开，可事实上学生是一个综合体，他不可能也不会容忍自己在哪一个方面"冒进"，因为这会让自己成为一个不和谐的个体，并因此成为一个不健康的个体。正如著名的小品《五官争功》所表达的那样，我们在具体的分工上，将听的任务分给了耳朵，将闻的任务分给了鼻子，将吃的任务分给了嘴，将看的任务分给了眼睛，将美化的任务分给了眉毛，但是，我们不能任由五官自由发挥，更不能让它们由于争功而分离，最终还是要通过大脑来协调五官，以提高人体整体的协作性。

要提高学生的综合素养，体质是最为基础的，没有健康的体质，我们就无法考虑智识与德性，所以，我们并不反对学生体质上的发育与成长。然而，我们对学校教育中的体育课程却有着不同的认识，这是因为体育课程兼具体质目标与学科教学的性质。有争议之处并不在体质目标上，而在体育课程的学科定性上。我们反对体育课程占用其他学科课程的时间，并不等同于我们反对学生获得更健康的体质。

限于学生的认知程度与视野范围，学生的德性很难超越他所处的生活环境与学习领域。既然学生的生活环境主要是学校，学生的主要任务是学习，那么学生的德性也应该限定在学校与学习过程之中，这样才可以保证学生德育的有效性与实效性。学生的德性有两种教育意义：一是学习过程中的德性，这表现为学生在学科学习中的兴趣与选择；二是作为学习目的的德性，这表现为学生通过对学科知识的学习而形成的价值观与世界观。因此，我们可以看清学生德育的教育生态：它需要以学生健康的体质为前提，以学生的学科学习为载体，而且它还是学生学科学习的最终目的。学生的德育如果脱离学科学习，难免就会落入空洞无物的陷阱；如果将学生德育的目的置于学校教育之外，势必就会因为超越学生的视野范围而变得无从把握。

学科学习既不是学生学习的起点，也不是学生学习的终点。学生学习的起点是学科学习的兴趣与动力，这来自学生在德育中获得的兴趣与判断能力；学生学习的终点是满足学生自我对德性目标的达成。因此，学科教学既要依赖于学生德育工作为学科学习带来的兴趣与学习动力，又要以满足学生自己的德性目标为学科教学的导向。目前，学科教学是以外在于学科学习过程的目标为目的的，比如，学科教学以通过考试为目标，以学生考上更好的中学或者大学为目标，以获取更好的工作岗位或者工资待遇为目标，这些外在于学科学习过程的目标只能给学生的学科学习过程增加压力，而无法为学生的学科学习带来内在的动力。既然学科学习是为了获得外在的收益，那么，学科学习过程就是痛苦的，因此，就没有必要激发学生的学习动机与兴趣。这是当前学科教学与学科学习过程中，由学生的德育缺位带来的困境。

所以，学生的体质目标、智识目标与德性目标只是理论上的分解，在教育实践过程中三者是融为一体的。体质目标是智识目标与德性目标的前提与基础；德性目标为智识目标提供学科学习的兴趣与动力，同时是智识目标最终的归属；智识目标是德性目标的载体，它起步于德性目标提供的学习兴趣与动力，它回归于德性目标对学习目的的预设。在当前的教育实践中，正是智识目标与德性目标的分解，使得由德育处负责的德性目标由于缺少学科教学的载体而显得空洞与抽象，使得由教导处负责的智识目标由于缺少学习兴趣与学习目的而陷入功利与痛苦的泥沼。

三、学科教学与学生德育的融合之道

在学校教育教学工作中，要将学科教学与学生德育分解开来，其目的是更好地提高学生的综合素养，而不是单独搞好学科教学或者单独搞好学生德育。为了真正地实现提高学生综合素养的目的，我们不但要通过教导处搞好学科教学，通过德育处搞好学生德育，更要通过对教导处与德育处的协调、对学科教学与学生德育的融合来达到交融智识目标与德性目标的目的。要实现以上目的，在教育实践过程中可以考虑以下三个层面的策略。

第一，学生学科学习与德性增进的功能互动。学生读书的目的是什么？古人云，"书中自有黄金屋，书中自有颜如玉"，我想，这应该是古人对读书动机的经典诠释。可是，我们往往会误解这句话的本意，认为这句话是说读好了书，就可以拥有黄金建造的房屋，就可以拥有冰清玉洁的夫人。其实，这句话的本意是说读书的感觉就像住在宫殿里一样幸福，就像娶了美女一样温馨。它强调的是学习的内在动机与学习者对读书的自我追求。因此，要将学科教学与学生德育有机地交融在一起，就必须在学生学习的层面，通过学生德育工作去激发学生的学习动机与学习兴趣，通过激发学生的精神追求来引导学生的学科学习。当然，这样的学生德育工作只由班主任来负责是难以完成的，它需要每一个学科教师都担负这项工作。其实，学科教师关注学生德性的培养，有利于培育学生对自己学科的学习兴趣与学习动机，从而奠定学科教学成功的基础。如果不关注学生德性的培养，学生就会丧失对这个学科的兴趣与学习动机，在这种情况下，教师对学科学习的任何强调都只能构成学生学习的压力。

第二，学科教师与班主任之间的理解与融合。尽管我们讲了一大通学科教学与学生德育融合的必要性，但真正要将两者融合起来，还是离不开学科教师与班主任之间的相互理解与支持。当我们把德育的目标定格在学生学科学习之外时，学生德育不但远离了学生的生活，也远离了学科教师的工作与职责。于是，学科教师与班主任之间的距离也就越来越远。当学生德育回归学校教育工作之中，并承担起增强学生学习兴趣与学习动机的职责，承担起学生学习精神引领的功能时，学科教师就很自然地切入学生德育工作之中。如果学科教师能够以班主任的心态去当学科教师，就可以更好地理解与吸引学生，从而培养学生对自己学科的兴趣与学习动机。同时，班主任也会更乐于帮助学科教师切入学生德育工作之中。更有意思的是，只有学科教师切入学生德育工作之中后，班主任才有机会去协调学科教师间的关系，使学科教师以群体的身份而不是个体的身份来教育学生，从而达到提高班级学生整体的综合素养的目的。所以，要让学科教师与班主任合作共事，最根本的是两者要有共同的目标。通过聚焦学科学习，将智识目标与德性目标有机交融在一起，才可能赢得双方真正的理解与合作。

第三，教导处与德育处的分工与协作。之所以要设置教导处与德育处，其目的在于有专门的部门分别对学科教学与学生德育工作负责任。然而，设置这两个部门并不意味着智识目标与德性目标可以分离，更不意味着智识目标与德性目标可以独自达成。在分设教导处与德育处的同时，更要考虑双方的协作。教导处主要是通过对教师教学工作的规范与引导，来提高学科教学的效率与品质。而教师教学必须以了解学生的学习为基础，这需要德育处向教导处提供相关的信息。德育处主要是通过对学生的学习兴趣与学习动机的激发与引导，来提高学科学习的效率与品位，这需要与教导处通力合作，只有通过对学科教师教学的理解与引导，才可能真正实现激发学生的学习兴趣与学习动机的目的。

5. 激活"人际关系"中的"教育力量"

　　每年都要面对学生找工作的事，说实话，这件事年年都让人揪心，因为顺利就业的没有几个，即使顺利就业，学生也难免会向你诉说求职过程中的艰辛。其中学生抱怨最多的就是中国社会还是一个典型的人情社会，根本就做不到按能力取人，最终还是那些有关系的人容易在职场取胜。尽管自己没有在求职过程中受到过多大挫折，但对学生的抱怨还是深信不疑的。道理非常简单，哪怕我自己去招聘，也会尽可能地招聘与自己关系好一点的学生。这虽然有感情在起作用，但并不完全是感情在起作用，因为我和这位学生关系较好，我对他比较熟悉，所以对他的能力也比较了解，而对于人才市场上表现极佳的学生，毕竟还没有足够长的交往时间来验证。因此，在对一个人的能力没有科学依据进行判断的时候，人与人之间的交往与关系就成了间接的证据。想明白了这一点，再有学生向我抱怨社会过于看重人际关系的时候，我就会反问他们，既然你明知人际关系这么重要，为什么在学习过程中不主动去建设一些人际关系呢？既然人际关系在求职中起着这么重要的作用，那么，它对于课堂教学效率的提高是不是也起着重要的作用呢？经常听人说，人际关系也是生产力，我想，学校中的人际关系是否也是一种教育力量呢？

一、生生关系对学习效率的优化

我上高中时路上要经过一座高山，上山下山大概需要一个半小时。在这一个半小时里，如果运气好，可能会碰到一两个人；如果运气不好，就只有脚步声与我同行。虽然这座山并不险恶，一路走来有鸟鸣，还有山泉流水的声音，可是当我一个人走在这儿的时候，除了内心恐惧之外，并没有留下什么好印象，不管是鸟叫，还是风吹树木的声音，都让我心惊胆战，就连自己的脚步声也会吓着自己。有一段时间，一位同学经常和我一起走这段路，那时这段路给我的印象就特别好，我没有了恐惧感，就可以去感受大自然的好山好水好风光了。在山里喝喝泉水，折折树枝，学学鸟叫，五音不全地唱着《冬季到台北来看雨》。尽管毕业以后和这位同学没有再联系过，但我经常想起那种来自他人的力量，是如何将自己恐惧的心理转化为欣赏美景的心情。在某些情况下，身边多一个人是多么重要啊！毕竟，人不是因为害怕而孤独，而是因为孤独才害怕。处于课堂教学中的学生，他们究竟是孤独者，还是同行者呢？

良好的同学关系可以给予学生心理上的安全感和情感上的归属感，这是学生参与课堂学习的前提。同学间有了良好的关系，就可以让学生在学校中不再孤独，在课堂上不再恐惧，在课后不再无助。孤独、恐惧和无助都是看不见摸不着的东西，它们有一个共同的特点，就是情感上缺乏支持与归属。而良好的同学关系，则可以让学生在学校中获得心理上的安全感、情感上的归属感。这种安全感和归属感只能在同学间相互支持与共享，学生要归属的群体一定是自己的群体，学生与教师之间关系再好，也不能解决他对于自己所属群体的归属感，甚至有些学生与教师关系好，反而有可能让他离自己所属的群体更远，更被边缘化。学生心理上的安全感，是一种互助式的安全感，它有可能来自相互帮助做好教师布置的任务，也可能来自共同抵制教师布置的任务，这就注定它不可能来自教师。教师可能会觉得自己只是给学生上一两堂课，所以学生心理上的安全感和情感上的归属感不怎么重要。但实际情况并不是这么简单，一方面，心理和情感上的满足，是学生参与学习的前提，当心理上没有安全感、情感上没有归属感的时候，学生对课堂学习的参与是难以"深入人心"的；另一方面，每位教师都只给学生上一两节课，而学生一整天都在上课，你认为一两节课与心理和情感的满足无关，他也认为一两节课与心理和情感的满足无关，请问，一整天都在上课的学生，他是不是不需要心理与情感的满足呢？可以把心理与情感的满足当作生生关系的第一个功能，虽然不敢说这个功能是最重要的，却可以说它是最为隐蔽的，也是大家最容易忽略、最容易认为和课堂教学、教师没有关系的。

良好的同学关系可以营造多视角、多观点的合作学习氛围，这是让课堂教学变得更全面、更透彻的人际基础。教师虽然掌握了教材，还拥有教学参考书，对历年的考试也有全面的了解，但不管怎么样，他对教学内容的理解总是一孔之见。虽然学生对教学内容的理解也只是一孔之见，而且他们每个人的孔比教师的孔肯定小许多，也就是说，挑战每一个学生时，教师的胜算是很大的，可是教师的孔能够容得下所有学生的孔吗？同样，教师一个人的见解能够涵盖所有学生的见解吗？虽然每位学生对教学内容的理解不一定全面、深刻，但他的视角总有独特之处；虽然他的观点不一定客观、科学，但他的见解总是个性化的。如果学生在班上有几位好朋友，通过不同视角的交换，通过不同见解的交流，学生就会在课堂上的合作学习和课下的协作学习中，让自己的观点变得更加全面，让自己的见解变得更加深刻。良好的同学关系，可以促进学生一起游戏，也可以促进学生一起学习，因此，重要的是如何对它加以引导，而不是一禁了之。

良好的同学关系可以促进学生对学科知识的自我建构，这是让课堂教学促进学生自我成长的根本保障。教师在讲完一个知识点时，总是喜欢问同学们是否听懂了，其实，学生不一定清楚自己是否真的懂了。要知道学生是否真的听懂了，最简单的办法就是让学生对其他同学再讲一遍，如果把这个知识点讲通了，那就证明学生懂了；如果把原本懂了的同学讲糊涂了，就证明学生离懂了还有距离。好同学帮助差同学，既有利于好同学重构自己的学科知识结构，也有利于差同学对学习问题的诊断与解决。不过，这里的好处却是以好同学与差同学的良好关系为前提的。如果两位同学关系不好，好同学就会想，我已经会做这道题目了，凭什么要讲给你听；差同学就会想，我再差也不会求你。

二、师生关系对教学效率的提升

一讲到师生关系，自然就让人想到"亲其师，信其道"，道理很简单，只有亲近老师这个人，才可能相信老师讲的那些道理。根据这个道理，强烈地要求教师主动走近学生，尤其是要像学生的父母那样爱学生，要像爱自己的孩子那样爱学生，似乎有了教师对学生的爱，"亲其师"就成为一件顺理成章的事情，可事实果真如此吗？实际上，教师爱学生与学生亲近教师之间的距离远比我们想象的要大。的确，父爱和母爱可以换来孩子的孝道，如果教师也像父母那样爱学生，可以换来什么呢？父母与孩子之间的关系，是典型的以爱育爱的关系；而教师与学生之间的关系，尽管也有以爱育爱的成分，但更重要的是以为人赢得学生的尊重，以能力赢得学生的敬佩，我理解的亲近是尊重与敬佩的混合物。为人，不一定是直接对某位学生好，哪怕你对别的学生好，也可能赢得这位学生的信任；能力不只是教学能力，你在其他方面的能力很强，也有助于学生对你产生敬佩之情。因此，从为人与能力两方面来看，凡是师生关系好的班级课堂教学效率往往就高，那是教师为课堂教学效率高提供了为人和能力上的保障。

把同一句话说给不同的人听，效果完全不一样，举个例子，如果你父母对你说"你有病"，这肯定是一种指责；如果你的敌人对你说"你有病"，那肯定是诅咒；如果医生对你说"你有病"，那肯定是真有病；如果你对自己说"我有病"，这肯定是自我解嘲。也就是说，对同样一句"你有病"如何理解，取决于你如何看待说这句话的人。这就要求教师要在学生心目中树立良好的形象，其实，真正教育学生的并不是教师本人，而是教师在学生心目中树立的形象。教师本人是一个客观的事实，教师形象则是一种主观的感受。如果教师在学生心目中的形象比较公正，学生就容易接受教师的批评。如果教师在学生心目中总是偏爱某些学生，当你夸学生时，学生就不会完全相信，当你批评学生时，被批评的学生就会不服气，因为他会认为你偏爱某些学生，也就会偏怪某些学生。因此，在师生交往中，教师的形象会对自己的教育教学效果产生极大的影响。在教育实践中，虽然教材上的教学内容是一样的，但教师讲得不一样，教学效果肯定就会不一样。然而，影响教学效果的，不只是教师怎么讲的问题，更重要的是教师以什么样的形象来讲，后者对教学效果的影响往往更大。

教学效率并不只是教师教的效率，还包括学生学的效率。为了提高教学效率，只是一味地要求教师用自己的为人去赢得尊重，用自己的能力去赢得敬佩，还要在学生心目中树立一个公正、正直、科学的形象，这对教师来说是不公平的。毕竟课堂教学是一个互动的过程，如果学生在课堂中太不主动，如果学生在课堂中丝毫不顾及自己的形象，在这种情况下，教师的主动很可能换不来学生的主动，却为学生的偷懒提供更多的机会和借口。师生关系必然是一个双向互动的关系，是一个双向互建的关系，教师要以一个好的形象来与学生交往，同样，学生也要以一个好的形象来与教师交往。在教师心目中留下一个好的印象对于学生学习的意义，比教师在学生心目中留下一个好的形象对于教师教学的意义，要重要得多，毕竟，教师是课堂教学活动的主导者和主倡者。学生给教师留下什么样的形象，不但影响学生即时的学习感受和学习效果，还会影响教师对学生的期待，而教师对学生的期待又会影响学生对自己的期待和学生对教师的期待，就这样循环下去，良性的循环会让学生发展的路越走越宽，恶性的循环会让学生发展的路越走越窄。

三、师师关系对教育效率的激活

相信没有人反对良好的生生关系有利于学习效率的提高，没有人反对良好的师生关系有利于教学效率的提高，而对于良好的师师关系究竟会对学生成长产生什么影响，观点可能就会各不相同了。最为常见的观点，就是教师独善其身——只要我与学生搞好关系，教好自己的书，就对得起学生了，至于和同事之间的关系，应该不会对自己的学科教学产生多大的影响吧。有意思的是，那些很少参加教研组或者备课组活动的教师，反而容易在学科教学中获得比他人更高的成绩，这似乎也验证了师师关系并不会对学生成长产生实质性影响的观念。可是，事实果真如此吗？对于学生的单科成绩，师师关系可能不会产生实质性影响；而对于学生的总成绩，对于学生的全面发展，师师关系的影响则不容忽视。

虽然学生想学好所有的学科，但他每天的学习时间是有限的，每天的学习精力也是有限的，这就给学生带来一个困惑：应该如何把有限的时间和精力配置给不同的学科呢？如果把时间和精力均衡地配置，由于学生对学科学习难易程度的把握不一样，效率肯定不高；而根据与学科教师的亲近程度来配置有限的时间和精力，这是当前绝大多数学生选择的方法，可是，学生与特定教师的关系越亲近，他在这位教师所教学科上往往学得越好，如果再在这个学科上配置最多的时间与精力，这些时间与精力的边际效率就不高。把有限的时间与精力配置给最需要的学科，而不是配置给自己学得最好的学科，也不是配置给和自己亲近的教师所教的学科，这才是最有效的配置方式。然而，学生自己并不知道哪个学科最需要学习时间和学习精力，这就需要同一个班级的科任教师对学生的学习状态进行会诊，此时，如果这些教师之间没有良好的人际关系，就很难形成会诊的氛围，也就更难形成理性地引导学生配置时间和精力的教学方式，如果大家都只让学生把更多的时间和精力配置到自己所教学科上，学生就不会根据学科学习需要来配置时间和精力，也不会根据与学科教师的亲近程度来配置时间和精力，更不会在诸多学科间均衡地配置时间和精力，而会根据教师的凶狠程度来配置时间和精力，这样的学习不要说有效率，恐怕连科学都谈不上。

一个教师即使不参加教研活动，他的学生的考试成绩也不比别人差，甚至比别人更好，可你是否想过，如果你在教学上不与同事交流，你的学科教学是否能够获得持续发展呢？你坚持的教学思想和教学内容可以保证你一时的成功，但很难保证你一世的成功。同时，你是否想过，如果你在教学上与同事交流得更多，你的学生的考试成绩可能会比现在更好呢？与同事在专业上进行交流时，别人的经验可能会成为非常善意的教学建议，自己也会多一个自我总结与自我确证的机会。如果长期不与同事交流，哪怕你的考试成绩一直比他人好，你也不能够确证你的教学方法的科学性。以前常谈同伴在专业上的互助，实际上，互助的一个非常有效的功能，就是对彼此专业的确证。一个人长期孤军奋战，既会丧失继续战斗的兴致，也会因为得不到他人的关注与承认而逐步否定自我。

师师关系还会影响师生关系和生生关系，从而间接地影响学生的学业成绩和学生的人际交往。假设一个班的语文教师和数学教师的关系不好，自然就会导致语文科代表和数学科代表之间的关系不好，还可能会导致班上喜欢语文教师的同学和喜欢数学教师的同学之间的分化。如果班级有了语文派和数学派之分，那么，一方面，语文派和数学派就都只关注自己所喜欢的学科的学习，而对于另外一个学科的学习就不那么重视了，最终的结果就是偏科；另一方面，在学生形成派别之后，由于语文教师和数学教师之间的关系本来就不好，自然就不会帮助学生化解派别之间的冲突，于是，在学生成长的过程中，拉帮结派而不是团结协作的交往方式就此形成，更糟糕的是，这种交往方式还会得到教师或明或暗的支持。

生生关系、师生关系和师师关系对学生成长都很重要。如果三种关系都处理得很好，那自然是师生的万幸，这可能比单一获得成绩更有价值。那么，对于提高教学效率，究竟哪个关系的改善更有利呢？从操作难易的角度来看，先改善生生关系似乎要容易得多，教师要求学生比要求自己要容易；其次是改善师生关系，因为教师要求自己比要求别的教师要容易；最后才是师师关系，同事之间要改变关系并不是一件容易的事，我想，大家对此都有体会。但是，从提高教学效率的力度来看，首先应该改变师师关系，有了教师间良好的人际关系，自然就会有整体教学效率的提升，也就会有学生间的协作成长；其次是师生关系，教师与学生之间的关系好，不但学生更愿意向教师学习，而且在教师的感召之下，那些原本与同学关系不好的学生也会逐渐改进，教师成为生生关系的黏合剂。然而，在一线教育实践中，对这个问题的处理往往是从容易操作的地方入手，而不是以能够产生更大效率的方式推进。殊不知，先解决了最难的问题，比如师师关系处理好了，那些容易的问题就会迎刃而解。毕竟，在师师关系、师生关系和生生关系中，教师起着主导作用，师师关系得到了改善，自然就会改善师生关系和生生关系；只是生生关系好，不一定能够顺利地改善师生关系和师师关系，因为学生有可能团结起来反对教师，或者抵制教师的学科教学。

6. 透视"师生关系"中的"教学价值"

人对自己熟悉的人总会善待一点，对陌生人自然会苛刻一些。上大学的时候，总觉得卖饭的人给我们的饭太少，很多同学因此而抱怨他们，可是，你越不给卖饭的人好眼色，他给你的饭似乎就越少。后来我总算明白了这个道理，于是我总是在同一个窗口买饭，刚开始也是得不到足够的饭，可随着和卖饭人的关系越来越熟，我也吃得越来越饱。如果有人告诉你，把人际关系搞好了可以让你吃饱饭，你不会觉得意外吧？同样的道理，如果有人告诉你，把师生关系搞好了，就能够把课堂教学搞好，您会相信吗？

一、"离课越近"与"离人越远"

从事教师工作的确不容易，教师的收入不是很高，但对教师的要求却并不低。当教师得有良好的表达能力，不敢说口才要有多好，但最起码你的普通话要标准；不敢说你要做电脑高手，但制作课件的教育技术水平不能太低；不敢说你要做学科专家，但你的学科知识水平不能太差；不敢说你要做管理大师，但面对那些越来越有个性的学生，你的管理能力不能太差；不敢说你要做声名卓著的心理咨询师，但面对那些心理脆弱的学生，心理知识也是不可缺少的。类似的要求还有很多很多，总之，要做一名成功的教师，你再怎么努力都很难说够了，而且，在任何方面都需要努力。于是，面对如此漫无边际的要求，有的教师就主动投降了，既然不可能做到全面发展，那就做一天和尚撞一天钟吧。不过，还是有很多教师走上了知识越来越全面、能力越来越综合的道路。

在教师们眼中，教师的本职工作就是把学科知识教好，把课堂教学搞得吸引人，把学科成绩提高。今天的教师因为这些目标变得异常繁忙，为了帮助学生考出好成绩，不但要求学生努力学习，自己也在不断学习与操练新的考试题目；为了让讲课更具有吸引力，或者更有水平，还花大量时间考虑如何制作课件；为了让学生在高强度的学习压力下还不厌学，或者在厌学的情况下不干扰其他同学学习，还花时间考虑如何管理课堂秩序。至于接受教育行政部门或者学校各种各样的检查，至于参加各种各样的培训，读各种各样的论文或书籍，也是非常必要的。于是，为了成为一名有能力的教师，也为了让课堂教学更有水平，教师们费尽心思，也耗尽体力。

可是，教师的时间、精力与智慧毕竟是有限的，他们在如何上好课上费尽心思，可离学生却越来越远。教师花更多的时间考虑课件的制作，就不得不放弃原本可以和学生一起活动的时间；教师们不得不花更多的智慧考虑课堂管理，就不得不放弃原本可以用来理解学生的智慧；教师在学校管理活动和教研活动中的身影越多，与学生一起聊天与游戏的时间自然就越少。的确，今天的教师不管是对学科知识的把握能力，还是对课堂教学流程的设计能力，都不逊色于过去的教师，甚至强了许多，但也不得不承认他们对学生的了解少了许多。在教师离学生越来越远的时候，尽管他们离课堂越来越近，但我们似乎没有看到课堂教学效率在提高。

二、用"师生关系"温暖"课堂气息"

尽管我们对课堂教学寄予的希望很多，比如新课程所提倡的三维目标——通过课堂教学培养学生的知识与技能、方法与过程、情感态度与价值观，但居于统治地位的还是学科知识的有效传授，其最直接的表征就是学生能够在学科考试中考出好成绩。只要高考和中考仍然存在，对学校教育质量最直接的衡量标准就是考试成绩，虽然这并不是唯一的标准，但却是社会、家长和学校最容易达成共识的标准。在此强调考试成绩的重要性，并不是鼓励大家专注于"应试教育"，而是提醒大家，既然考试成绩这么重要，那么，我们重视学生获得考试成绩的这个过程了吗？如果只重视考试成绩，而不重视对成绩获得过程的研究，应试教育就是必然的结果；如果将考试成绩与成绩获得过程的研究置于同样的地位，甚至把后者放在比前者更重要的地位，素质教育就指日可待了。

当教师的教学业绩需要用学生的考试成绩来证明时，教师就将课堂教学目标转移到了如何将学科知识传授给学生这个过程了。然而，学生对学科知识的掌握，究竟是以教师教学为主，还是以自己的学科学习为主呢？其实，不管教师把学科知识讲得多么到位，也不管教师花多少时间在学科知识的讲授上，如果学生不听，或者听了但并不主动地去学，那么，教师的教学都将毫无意义。因此，教师的课堂教学虽然有助于学生学科知识的掌握，但并不对它起决定性的作用；学生是否愿意学习学科知识，是否真正地掌握了学科知识，起决定作用的都是学生自己。

要让学生有效地掌握知识，第一步就是要学生在心理上愿意向教师学，如果学生主动向教师学习，哪怕教师的教学水平差一点，教学效果也不会差到哪儿去，因为学生可以主动和教师配合，从而提高课堂教学效率；如果学生不愿意向教师学习，哪怕教师的教学水平和课堂驾驭能力都很高，教学效率也不会高到哪儿去。那么，怎样才能够让学生愿意向教师学呢？还是那句老话——"亲其师，信其道"。教师越是需要借助于学生的考试成绩来证明自己的教学业绩，就越要先与学生处理好关系。虽然学习首先是学生自己的事，好的考试成绩也首先是让学生自己受益，但好的考试成绩毕竟对教师也是有帮助的，当教师意识到这一点时，就应该意识到搞好师生关系对学生搞好学习、对教师搞好教学的重要性了。

"亲其师"需要两个条件：第一，教师要有足够的时间和学生低姿态地交流。如果教师保持高高在上的姿态，相信敢于和教师亲近的学生不会太多；如果教师连自己的事都处理不完，学生肯定不愿意去打扰。所以，不管时间还是态度，对于亲其师都是必要的。第二，教师要有吸引学生与自己交流的资本。一方面，教师要能够给予学生的学习以帮助与指导，更重要的，是教师要能够对学生的成长给予全面的引领，毕竟，学生不是学习的机器，而是一个有待成长的人。这就需要教师在与学生交流时能够跳出学科的局限，用更全面更长远的眼光来看待学生。如果教师在与学生交流时，时刻关注自己学科的学习情况和学习成绩，学生自然就会明白教师只是把他当作掌握学科知识的机器，甚至还会把教师简单地理解成教授学生学科知识的机器。

三、基于师生关系的课堂提升之道

在打乒乓球时，如果你有一位配合得很好的对手，哪怕你的水平很差，他也可以包容你，而且让你在打得高兴的同时还可以提高水平；如果你的水平比他高，既然他配合得这么好，你就会心甘情愿地带他，这样，你既赢了球，还带了一个徒弟，岂不更有成就感？反之，如果碰到一位完全不配合的对手，假如他的水平比你高，你就会惨不忍睹，甚至连自信都没有了；假如你的水平比他高，你就会觉得既得不到精神上的愉悦，也得不到水平上的提高。由此可见，打乒乓的幸福程度并不与水平的高低成正比，而与对方配合的程度成正比。即使不谈幸福与否，仅仅谈水平提高与否，对方的配合程度也起着非常重要的作用。打乒乓球尚且如此，课堂中的教与学更是如此，良好的师生关系，是提高课堂教学效率的重要途径。

第一，有了良好的师生关系，课堂教学的目标就从获得功利性的成绩，转向人文性的师生可持续发展。有了教师与学生之间的相互交流与沟通，当教师指责学生考得不好时，学生就会理解教师恨铁不成钢的心情，而不会觉得教师认为自己影响了其教学业绩。教师对学生有了深度认识，当学生考差了时就不会停留在指责上，而是进一步通过诊治来提高学生的学习效率，也提高自己课堂教学的针对性。所以，教育目标是功利性与人文性相统一的，它能否达成在很大程度上取决于教师与学生之间的关系。

第二，有了良好的师生关系，课堂教学中的"缺陷"就从不可容忍的"错误"，转变成学生获得成就感的"机会"。金无足赤，人无完人，虽然我们一直提倡要提高教师的专业水平，但实际上，不论教师的专业水平有多高，离建设一个完满课堂的要求都是有距离的，这就意味着课堂教学中的"缺陷"是不可能完全弥补的。如果师生关系不好，学生上课时就不会认真听课，而是以挑剔的眼光审视课堂，并寻找教师讲错的地方。如果师生关系良好，学生就会认为自己和教师是课堂共同的主人，当教师上课讲得非常精彩时，学生就会欣赏和学习；当教师上课出现错误的时候，学生就会善意地提醒。

第三，有了良好的师生关系，课堂就不再是师生管理与被管理的战场，而是师生共同追求生活品质的家园。有意思的是，现今教师课上得越来越好，但感觉越来越差，效果也越来越差；学生并没有因为教师的课上得更好而感觉更轻松或者学得更好，反而在课堂上越来越紧张，对课堂参与的广度与深度也越来越小，生怕因为自己的参与而搅乱了教师对课堂教学的美好预设。为什么会出现这样的局面呢？本来，课堂应该是一个日常化、生活化的家园，是一个能让大家觉得安全与温馨的地方。可随着教师教学业绩压力的增加，随着学生学习成绩压力的增加，课堂变成了大家掘金的战场，教师与学生不是战友，而是战场上的敌人。在这种情况下，教师越努力，师生间的斗争就越激烈。因此，今天课堂教学最大的问题，既不是教师如何教，也不是学生如何学，而是如何把教师的教与学生的学有机地结合起来。

长期以来，我们把师生关系理解成德育问题，认为师生关系的改善有助于教师师德水平的提高。殊不知，不管是师生关系还是德育活动，它们的根都在课堂教学之中，离开课堂教学去谈师生关系和德育，只是旁敲侧击而已。更重要的是，当课堂教学失去师生关系和德育的支撑时，课堂教学本身就失去了人气，失去了灵魂，这样的课堂教学就只剩下教师的技能技巧，只剩下学科知识的传授与学科成绩的优劣，只能够以有效与否为标准，而不能够以成长与否、幸福与否为标准。当课堂教学不再以成长与否、幸福与否为标准时，就注定是无效的。也就是说，虽然这样的课堂可能会提高考试成绩，但所承担的成本，会远大于考试成绩提高所带来的效益。如果把成绩的提升看作分子，把必须承担的成本看作分母，由于分母增大的速度远大于分子，因此，这样的课堂自然就离增值越来越远。

7. 教师的"新装"：骗人的"红五角星"

晚上帮孩子检查作业时，发现孩子居然得了一个"红五角星"，于是抓住这个机会，准备好好激励一下孩子，因为教师对学生的鼓励来得并不容易；因为教师一般会认为对学生讲几句鼓励的话，就会降低自己的教学水平与学生的鉴别能力。"哇，你昨天的作业老师居然给了你一个'红五角星'，看来你的进步不小嘛！""这有什么呀？也不知道老师有没有仔细看过呢。再说，'红五角星'又有什么意义？""老师没有看过怎么可能给你这么高的评价呢，傻孩子？而且，'红五角星'代表着教师对你作业的喜欢，是对你昨天做作业的肯定啊。""对我作业的喜欢，对我作业的肯定，哼，这还不是他喜欢就给呀！他哪一天不喜欢了，还不是让我们站办公室，还不是对我们横眉毛竖眼睛！其实，我们同学都知道，'红五角星'是拿来骗人的，没有什么用。"

这是一位教师给我陈述孩子学习现状时的对话，我听到时，不由得心中一惊，孩子们居然能够看穿"红五角星"的欺骗性；而且，让人担忧的是，孩子们看穿了"红五角星"的欺骗性后，居然可以适应这样的体制却不告诉老师。由此可以想见，当教师在洋洋得意地分发"红五角星"时，学生会用一种什么样的心态面对教师。这让我不由得想到"皇帝的新装"，成人明知皇帝没有穿衣服，但却没有人揭穿谎言，最后一个孩子说出了实情。在教育教学过程中，我们经常低估孩子，认为可以用成人的智慧引导孩子学习。只是令教师们没有想到的是，今天的孩子已不再是安徒生笔下那个天真无邪的孩子，他们明知这是骗局，但为了维护教师的面子，仍然装作开心的样子。这是何等可怕！可怕的是孩子丧失了天真，可怕的是教师用来骗人的"红五角星"居然导致孩子如此世故。

"红五角星"的骗局被揭穿，尤其是被孩子揭穿后，替代"红五角星"激励孩子学习的又应该是什么呢？有教师曾经用"赚大钱与娶美女"来激励学生，这不无道理，但这与学习并没有直接的关系，姑且不论孩子们是不是有"赚大钱与娶美女"的需求，"赚大钱与娶美女"和学习之间似乎并没有直接的因果关系。有人说，这不对，古人云"书中自有黄金屋，书中自有颜如玉"，不就是指读书可以"赚大钱与娶美女"吗？其实，古人说的"书中自有黄金屋，书中自有颜如玉"，并不能作如此肤浅的理解，我们不能以"小人之心"去度"君子之腹"。古人的原意，据我理解，很可能是说读书的感觉，就像赚了大钱，就像娶了美女一样开心。

因此，真正激发学生学习动机的，不是骗人的"红五角星"，也不是离学生遥远而又世俗的金钱与美女（这是成人自己的想法，于是成人用这种想法去揣测孩子的需求），而是读书过程中的享受与幸福。至于读书过程是享受还是痛苦，是幸福还是郁闷，则取决于教师对学习过程的理解、把握与驾驭。

8. 搁错位的"教育美德"是教育进步的"绊脚石"

有些适合个人提倡与实现的美德，并不一定要在整个行业提倡；而且，当一个行业以"职业美德"为基本标准与职业前提时，反而不利于整个行业的发展，教育奉献与教育美德或许就是这样的例子。

我们先来看一个关于教育始祖孔子及其弟子的故事。春秋时代，鲁国法律曾经规定，如果鲁国人在外国沦为奴隶，只要有人出钱把沦为奴隶的人赎回鲁国，事后这个人可以向国家报销赎金，不论被赎之人是否愿意偿还赎金，也不论被赎之人是否有能力支付赎金。子贡是孔门高徒，经商有方而财富兴盛。有一次，他赎了一个在外国沦为奴隶的同胞回国，但他却拒绝接受国家支付的赎金。孔子听说后，对子贡说：你这样做是不对的，你开了个坏的先例，从此以后再也不会有鲁国人肯为沦为奴隶的同胞赎身了。你接受国家补偿的赎金，不会损害你行为的价值；你拒绝接受这笔赎金，却破坏了国家的那条好法律。

子贡拥有足够的财力，又具有很高的道德修养，在国外遇到沦为奴隶的同胞时花不了多少钱就可以将他赎为自由民，这似乎是子贡应尽的义务；对子贡来说，拒绝接受国家支付的赎金，既体现了自己的富有，又体现了自己的高风亮节。但是，孔子却发现了问题：有些适合个人的道德，并不应该在全民中予以提倡，或者说，在全民的道德水准不是很高，全民承担道德责任的能力不是很强的情况下，不应该在全民中提倡。否则，因为有了子贡一人的道德体现，所有道德水准没有子贡高的人，或者承担道德义务的能力没有子贡强的人，就会放弃或者逃避赎回同胞的行为。可惜，鲁国一项非常好的法律，仅仅因为子贡展现个人的美德而被破坏。其实，一项好的法律，远比子贡个人表现出来的美德更有价值。今天中国的教育，会不会因为展现了少数人的教育美德，而阻碍了教育生产力的提高呢？

我们先来看教师承担教育美德的能力。教育美德往往包括三个方面的内容：一是在利益上，要求教师不计个人得失，尽可能向学生提供教育教学服务，甚至在利益尽可能小的情况下，向学生提供质量尽可能高的教育教学服务；二是在体力上，要求教师尽可能地去保护、关心、爱护学生，为了学生的学习与生活，似乎教师牺牲得越多，越为社会所赞扬；三是在情感上，要求教师无条件地爱学生，向学生敞开自己的胸怀，甚至不惜牺牲自己的家人。如果仅从学生发展的角度来看，以上提倡的教育美德都是有利的，孩子是家庭与国家的未来，为了孩子的健康成长，教师当然是能够为学生奉献一点就奉献一点。然而，问题往往具有多面性，以上对教育美德的提倡，产生了两个问题：教师有能力去承担教育美德吗？教师又是否愿意履行教育美德呢？

教师在工作上要不计个人得失，向学生提供"质优价廉"的教育教学服务，试想，哪一个工厂总是向顾客提供质优价廉的产品？如果工厂总是这样，倒闭恐怕是迟早的事，更不用说如何研发新产品或者向顾客提供更好的售后服务了。教师要不顾惜自己的身体去开展教育教学工作，可是，教育教学工作本身又需要教师有健康的身体，当每天的工作时间多达10个小时甚至更多的时候，教师还有时间去关注自己的身体吗？教师要无条件地爱学生，可事实上，如果爱可以无条件地给予，这本身就是对"爱"的误读。大家去商场或饭店时，服务员职业性的"欢迎光临"本身就是对"欢迎"两个字的误读。当教师可以无条件地把爱给予学生的时候，这还是爱吗？这可能只是"职业性的问候"，如果用这样的问候来取代教师真诚的爱，就会破坏学生对真诚的爱的误解。只有少数教师具有承担教育美德的能力时，社会去褒扬他们，那么，那些没有承担教育美德能力的教师除了口头上认可这些教育美德，还能够做什么呢？既然标准太高，就只好放弃。可是，教师们在放弃这些教育美德的同时，也会放弃最根本的教育职责与教育义务。对于"倒掉洗澡水的同时把孩子也倒掉了"，我们很容易发现其弊端；而对于"放弃教育美德的同时把教育义务也放弃了"，则很难发现其隐患。

我们再来看看教师是否愿意履行教育美德。夸美纽斯在《大教学论》中给予教师最为崇高的地位——太阳底下最光辉的职业。于是，大家从担任教师的第一天开始，就享受了如此多、如此高的精神上的收益。所以，教师从走上教育教学岗位的第一天开始，就应该履行教育美德，并以此作为对教育职业的精神收益的回报。

可是，为什么我们要把教师与从事其他职业的人区分得如此清楚呢？事实上，教师与从事其他职业的人有很大的区别吗？人仅仅因为从事教师这个职业，就变得清高、伟大与不近世俗了吗？

人们在选择是否从事教育教学这个职业时还不是教师，他对教师这个职业的期待，与对其他职业的期待是一样的，是他个人能够从这个职业中得到哪些回报，比如经济上是否能够比较稳定或者丰裕，工作强度是大还是小，精神上是愉悦还是压抑，实现的个人价值是大还是小。这些问题都不是源自美德，而是源自对自我的评价与对职业岗位的要求。人们选择从事教师这个职业是带着以上期望的，换句话说，他的目的是满足自己的经济需求、精神追求和个人价值的实现，而不是，至少不仅仅是得到"太阳底下最光辉的职业"的称号。

于是，当我们对教师这个职业寄予比其他职业高得多的职业美德时，他们除了表面上承认之外，还能够干什么呢？的确，有少数教师愿意实践这些职业美德，也因此为教育行业或者社会所认可与提倡。可对绝大多数教师来说，承认教育美德，就等于否定了自己当初选择这个职业的原因——经济需求、精神追求与个人价值的实现。在教育美德与个人需求之间，他们会选择哪一个？当然，不可否认，教育美德是每一位真正成功的教师应该追求的终极目标，也就是说，只有实现了教育美德的教师，才可能成为实现个人价值的教师。可问题在于，教育美德原本是教师的终极目标，现在却变成了教师这个职业的前提。当大家无法实现教师这个职业的前提时，就只好放弃它，而且连同原本应该作为职业前提的教育职责与教育义务，也一起放弃了。剩下的是什么呢？就是对个人短期利益的计算、对学校管理人员的遵从、对学校规章制度的遵守。长远的个人价值目标与学校教育教学目标连同教育美德一道，都被放弃了。

其实，对教育美德的提倡，本身并没有问题，只是有些东西只应该提倡，只应该作为终极追求而展现；如果把它们作为硬性指标，作为从事与开展一项工作的前提，那么，大家从工作一开始就会讨厌它们、放弃它们。而且，在讨厌与放弃它们的同时，把本来的职业前提也一起放弃了，剩下的只是个人的短期的、短视的利益追求。从此，教师陷入了无穷无尽的短期利益的计算之中，没有了长远的发展方向，没有了个人价值的追求。教师没有了自己的追求，也就没有了幸福。当教师没有实现个人价值时，教育也就丧失了长远发展的可能性，不要说教育美德，就连教育本身的生产力，也会像教师个人一样，在追求小利与技能技巧的过程中，始终原地踏步。因此，如果我们承认教师的个人需求，只为教师设置最根本的职业前提，那么，教育就会因此而寻找到起步的基石。

第四辑　课堂与课程

1. 从"课堂"到"课程"

　　小的时候觉得每条路都很长，每座山都很高；时隔数年故地重游，才发现儿时长长的路变短了，儿时高高的山也变矮了。当我问父亲为什么会有这么大的反差时，父亲说并不是因为故乡的路变短了，故乡的山变矮了，而是因为你走过更远的路，爬过更高的山。于是我想，那些一辈子就在方圆几十平方公里土地上生活的乡民们，是不是永远都觉得家乡的路是那么漫长，家乡的山是那么高远，甚至自己一生都走不完，一生都爬不完呢？究竟是路走不完、山爬不完，还是他们自己非得在这么短的路上、这么高的山上耗去一生呢？由此联想到我们的课堂教学，大有不把45分钟用到极致誓不罢休的味道。究竟是应该执著于追求一堂课的有效性，还是应该将一堂课置于整个课程教学的有效性之中来考虑呢？

一、何以保证每堂课都有效

　　在教育界有不少非常响亮的口号，甚至响亮到无人敢出来反对，"向课堂45分钟要效率"，就是其中之一。教师的任务就是上好每堂课，这样的口号你敢反对吗？然而，每堂课都上好了，这门课程就教好了吗？每堂课都上好了，就意味着你是好教师了吗？况且，每堂课真的都上得好吗？把每堂课都上好，应该成为每位教师的理想，但却很难变成事实。教师每天要上课，而且还不只上一节课，这就意味着教师每天都要备课，而且还不只备一节课，在这样高强度的工作状态下，要保证每节课都是好课，实在是强人所难。教师每天不只上一节课，也不只上一个班的课，所以，教师要上好每节课实在是一个不小的挑战。当然，有可能我太低估教师的教学能力了，但我情愿低估教师的教学能力，也不愿意去高扬那不大可能实现的教育理想，否则，就会把教师逼到在课堂中总是找不到成就感的地步。

即使教师真的把每堂课都上好了，这对学生来说又意味着什么呢？学生每天都不只上一节课，也不只上一个教师的课，每天都要上六到八节课，这个数字可能和课程标准的要求不相吻合，但与教育实践却比较吻合。如果教师为学生提供的六到八节课都富有效率，都能够确保每堂课的 45 分钟被充分利用起来，那么可想而知，学生每天的学习负担是多么繁重。人每天做八个小时的体力活都是一种煎熬，何况每天要做六到八节课的高强度脑力活！这会是一种什么样的生活状态呢？如果学生处于疲惫的状态，相信教师提供的课堂教学再怎么有效，都会遭遇到来自学生低效学习的抵抗。在课堂教学中，教师一般都会把本堂课的重点和难点揭示出来。虽然一堂课里可能只有两三个重点与难点，但在一周里，重点与难点就变成十到二十个了，在十周里就变成一百到两百个了，在一学期里就变成两百到三百个了。这就难怪在开学之初，学生都乐意学习，而过了一段时间后，乐意学习的学生就越来越少了。之所以如此，一个非常重要的原因就在于学生不堪"重"负。

因为学生不只上一位教师的课，上了一堂非常精彩的课之后，接下来上课的教师的压力就大了，如果他不能在较短的时间内把学生还停留在上堂课的兴奋转移过来，那么他的课很可能就会成为上堂课的牺牲品。事实往往如此。要让学生每天六到八节课都不睡觉，是一件非常困难的事；然而，更困难的是让学生每天六到八节课在课堂上都睡觉。如果教师的课都上得好，或者教师都很凶，或者允许学生在课堂上喝咖啡，那么还勉强能够达到前一目标。而要想达到后一目标，则非常困难，哪怕你给学生吃安眠药，也不能保证他在这六到八节课上都睡得着。既然这样，那就意味着绝大多数学生都会在六到八节课上小睡片刻。那么，学生会选择在谁的课上睡觉呢？

曾经有一位年轻的语文教师打电话给我，说她很努力，但教学效果并不理想。我劝她多去听听其他教师是怎么上课的。她说自己基本上把学校其他语文教师的课都听过了。我说，你去听其他语文教师的课干什么呢？反正你的学生没有机会去听他们的课，也就不知道你和他们相比谁的水平更高。她问我，如果不听其他语文教师的课，那么听谁的课呢？我说，应该去听同一班级其他学科教师的课。她说，这有什么好听的呀？教的内容都不一样。我说，又不是去看别人教什么内容，关键是看别人在课堂上怎么吸引学生的注意力，以避免学生睡觉。她说，这和自己有什么关系呢？我说，这个关系可重大了，如果学生在其他学科教师的课上不睡觉，甚至学得非常兴奋，那么到了你的课上，就只能通过睡觉来休息了。虽然这样的对话比较片面，但的确说明要让学生每天六到八节课都听得有效是多么艰难，甚至是一种值得向往但可能永远都实现不了的理想状态。

二、"课堂"离"课程"究竟有多远

一位是教过高三的教师，一位是刚大学毕业的教师，你说，如果他们同时教高一，谁的教学业绩会更好？通过对一所高中的实际情况进行对比，发现后者在高一时教学业绩更好，甚至好不少，但他的优势在高二下学期的时候就基本消失了，进入高三后前者的优势逐步显现，尽管后者教得比前者辛苦得多。当笔者问这位教过高三的教师，为什么高一的时候考不过刚大学毕业的教师时，他的回答非常耐人寻味：不是我考不过他，而是我认为高一的时候没有必要考过他，他和我一个月一个月地"玩"，尽管他取胜了，但他只是在月考中胜了我，而我和他三年只"玩"一次，那就是高考，很幸运也很肯定的是，我胜了。我觉得这个问题很有意思，就接着追问：为什么他相信自己一定会在高考中取胜？如果在月考中不能取胜，最后在高考中也不能取胜，那么岂不是太对不起学生？为什么那位在月考中取胜的教师，在高考中却注定不能取胜呢？为什么他在月考中没有取胜，最后却在高考中取胜了呢？

那位教师说，正因为教过高三，所以在他心目中，学生三年就学一门课程，高考也是针对这门课程来命题的。既然学生三年只学一门课程，那就意味着学生在学这门课程时，并不是所有的学科知识都同等重要，有些学科知识本身不重要，但对于学生的后续学习却非常重要；有些学科知识本身重要，只要掌握了，对后续学习就没有影响；还有许多学科知识本身不重要，对学生后续学习也不重要，之所以在课程中出现，只是因为它能够扩大学生的视野或者有利于学生理解那些更重要的学科知识而已。正是基于这样的认识，这位老师并不是简单地把每个知识点都教得很到位，而是根据知识点的重要程度和对学生后续学习的支撑程度，安排课堂教学的重点与难点。在这样的课堂教学中，由于教师对学科知识点的教学有张有弛，学生学习起来自然也就有张有弛；正是由于课堂教学有针对性，所以学生高考时才有有效性。至于那位年轻的教师，由于缺少对学科课程的整体把握，只能对教材上的每个知识点都认认真真地教，并要求学生逐个掌握。表面上看起来，这是对课程和教材最忠实的执行，而这种看起来每个点都踩到实际上却既无重点又无难点的教学，本身就是对课程的误解，所以失败也就在所难免。

这让我想起了苏联著名教育家苏霍姆林斯基讲过的一句话：教师要用一生去备课。相信很多教师看到这句话时都会心生怨气——现在教师的工作负担已经够重了，还怎么用一生去备课呀？我的理解非常简单，这句话并不是要求教师把自己的生活都放到教育工作中来，而是提醒我们，教师要用一生去备课，因此就不要堂堂课都备了。为什么反对堂堂课都备呢？这并非反对教师为每堂课做精心的准备，而是反对教师将具有学科系统性的课程肢解为一堂一堂的课。因为这样看起来是把每个知识点都教到了，但实际上却把具有生命力的课程肢解成一个一个的知识点；虽然学生把每个知识点都学了，但在他们眼中，每个知识点都是活的，整门课程却是死的。如果教师们只有每堂课的概念而没有课程的理念，对每堂课的精心设计就会失去方向，就只能在课堂教学技巧、教育技术的使用，教师教学细节上"精雕细琢"，虽然教师每堂课都教好了，学生每堂课都学好了，可在课程学习上却收效甚微。

三、让"课堂"服务于"课程"

在目前要求教师深挖课堂有效性的背景下，每堂课都上得不容易，每位教师都把课堂当作一粒粒珍珠雕琢，唯恐哪个细节出了问题，从而让整堂课败于细节之处。再加上畅销书《细节决定成败》推波助澜，教师们更是在课堂细节上费尽心思。然而，当我们在一学期精心雕琢出上百颗珍珠时，却看不到一串美丽的珍珠项链，珍珠仍然是珍珠。正因为每颗都是教师精心雕琢出来的，所以学生拿着分外小心谨慎，到了课程考试时，由于缺少系统设计的课堂，所以就只能用精心雕琢的珍珠去碰运气，看试卷中有几处是为我们设计好的珍珠预留的，这就是大家说的猜题与押题。有一次去广西北海旅游，大家都买了不少珍珠项链回来，看着饱满而又匀称的珍珠，大家都乐滋滋的，返程后，一位比较懂行的教师悄悄说了一句话：如果一串项链的珍珠大小都一样，十有八九这串项链是假的，因为真正的珍珠每一颗都有自己的个性，所以真正的珍珠项链上珍珠都是有大有小，而不会每颗都一样大，一样大势必会是人为而不是天成的。原来如此，当我们把每堂课都雕琢成大小一样的珍珠时，会不会因为课堂教学的人为而剥夺了学生学习之诚呢？会不会因为课堂形式之美而伤了课程学习之真呢？

在中学，很多同学都害怕物理，往往因为物理学不好而弃理从文。而那些物理学得好的同学，对大家害怕物理都不可理解，在他们看来，物理是越学越容易，学到最后并不比其他学科难多少。为什么会出现这么大的反差呢？从中学物理教材对知识的排列来看，首先是力学，然后是光学和电学；从难度来看，力学最难，光学和电学次之，尤其是电学，在力学学好之后，只要把电视为力的一种来源，把握其大小和方向，问题就解决了。在力学中，首先是受力分析，然后是动量守恒，最后是能量守恒；从难度来看，受力分析最难，然后是动量守恒，最后是能量守恒。分析到这儿就不难发现，物理之所以吓走了很多学生，正是因为物理"越学越容易"。其实，并不是物理本身越学越容易，而是因为中学物理教材在知识的排列上遵守了学科知识的形成逻辑，不得不让学生先学较难的知识再来学容易的知识。所以物理教师在教授力学尤其是受力分析时，不但要帮助学生学好学科知识，还要帮助学生养成学习物理的兴趣与态度，并告诉他们只要渡过这个难关，后面就是一马平川；而且，现在学得不好也没有关系，因为在受力分析中解决不了的问题，还可以借助后面的动量守恒和能量守恒来解决。

不管是理科还是文科，其内在思维与逻辑都是隐性的，在教材中呈现出来的多是现象与案例，在理科中是例题，在文科中是例文。于是，课堂教学就有两个完全不同的努力方向：一是通过现象与案例来解读隐性的学科思维与逻辑；一是精心解读现象与案例本身，甚至用更多的例题与例文，来证明教材上的例题与例文的正确性。下面我们举两个例子来说明这个问题。在初二数学中有二元一次方程组的应用题，对学生来说它有一定的难度，以前只需要列出一个方程就可以解题，现在却不得不列出两个才能得出答案，让他们列出一个方程没有问题，而列第二个方程则较有难度。其实，仔细阅读二元一次方程组应用题的文字材料不难发现，既然要形成两个具有并列关系的方程，文字材料就要为学生提供两个并列的事件或者情景，往往就会用分号把这两个事件或者情景分开，于是，分号前后就各存在一个方程。因此，二元一次方程组应用题主要考查的是两个能力：一是对两个并列关系的分解能力，一是解答二元一次方程组的能力，两者缺一不可，而且前者往往是重点。这是一个理科的例子，再举一个文科的例子，唐诗宋词是中国古典文化的精粹。虽然每一首唐诗宋词都是珍珠，但也有将它们串起来的绳子——作者所处时代的共同性。处于同一时代的作者，他们在诗歌中表现出来的意境往往是大同小异的，如果离开作者所处的时代背景去解读诗词本身的字面意义，相信学生不但学得很痛苦，看到考试结果会更痛苦。

因此，课程标准的编制者，一方面要注意课程对知识的选择和案例的组织是否具有科学价值，是否遵循了学科逻辑；另一方面，还要注意能够让教师比较容易地将课程演化为课堂，从文字上的课程转化为教师的课程，从教师的课程转化为学生的经验。课程最经典的定义就是学生的经验，也就是说，最终不能转化为学生的经验的东西，都不能称为课程。然而，课程标准的编制者有将"课程课堂化"的使命，并不意味着教师可以就地等候。对教师提出的是与课程标准的编制者正好相反的使命：一是如何把编制者选择的知识和案例还原为学科体系，一是如何让自己的"课堂课程化"。课程课堂化使得课程编制者不得不把原本一统的学科知识，按照每一堂课的容量分化成一个一个的单元，而且，为了让学生学起来容易理解，还不得不把学科内在的逻辑隐掉，通过一个个案例或者故事来解读或者串联这些学科知识，相信每一位科学家读自己学科的教材时，都会觉得这样的串联方式很好笑，也会为自己的学科被这样肢解而愤愤不平。这就是学科研究与学科课程之别。教师在从事课堂课程化这项工作时，需要借助具体案例与故事帮助学生理解学科知识的原理，并帮助学生还原学科知识的系统性，这并不是只懂学科知识点的教师能够完成的。

常说教师要给学生一碗水，自己则要有一桶水，如果只是在量上理解这句话，就只是提倡教师要比学生更努力地学习学科知识，从而比学生掌握更多的学科知识。如果从质上理解这句话，就意味着教师要帮助学生掌握学科知识，对学科知识的结构要比学生掌握得更全面，对学科知识之间的内在逻辑要比学生掌握得更充分，对学科思维要比学生有更深刻的理解。也就是说，当学生理解例题与课文时，教师要能够理解例题与课文背后的学科知识点；当学生掌握学科知识点时，教师要能够理解将知识点串起来的学科结构与学科思维。只有这样，学生在课堂上活起来的时候，教师也就让课程活起来了。

2. "教什么"与"怎么教"

　　心中总想着这样一句话，做正确的事比正确地做事更有价值，于是经常反省自己的所作所为究竟是为了做正确的事，还是仅仅为了正确地做事。如此一来，还真让自己少走了不少弯路，并在很大程度上降低了犯错误的概率。那么，这句话对课堂教学有没有借鉴意义呢？让我们作一个简单的迁移，"教什么"意味着教师在选择哪些事情方面需要努力，也就是所谓的"做正确的事"；"怎么教"意味着教师要考虑如何更好地完成教学任务，也就是所谓的"正确地做事"。那么，教师对"教什么"和"怎么教"的考虑，自然就有了清晰的逻辑。

一、远离"教什么"的"教学独大"

　　如果把教育理解成一个动词，比如教师究竟是如何教育学生的，那么教育的核心任务就是"怎么教"；如果把教育理解成一个名词，比如这是一个受过教育的人，那么教育就不仅仅包括"怎么教"，还包括"教什么"，因为只有二者融为一体，才能够最终判断一个受过教育的人是什么样的人。正如肖川教授在他的博客中所写的：只是关心"怎么教"的教育是没有灵魂的教育；只是关心"教什么"的教育是没有肉体的教育。

　　在计划经济盛行的时代，我们秉承泰罗的科学管理原理，将工作中的决策与执行相分离，所有的工厂只管如何生产，对于生产多少商品以及商品销往何方都不用考虑，这种生产模式在教育中也不例外。相应地，"教什么"成为教育决策者的事，而"怎么教"才是学校、教师的事。正是这样的背景，使得凡是与"教什么"有关的事情，比如教学大纲与教材的编写，都由特定的教育行政部门或者外在于学校的学科专家负责；而学校与教师只负责将这些已经定稿的教学大纲与教材按部就班地传授给学生，也就是说，只需要执行"怎么教"的任务，即使有自己的专业决策权利，也是被限制在"怎么教"的范围内的。

尽管泰罗被称为管理学之父，对企业管理乃至于整个管理学体系起到了奠基的作用，但今天反思科学管理，就会发现它也有许多不甚妥当的地方，尤其是把它迁移到其他行业中的时候，难免会有水土不服的毛病。泰罗之所以提出科学管理原理，是因为他认为工厂的工人，尤其是他当时研究的码头工人，并没有足够的智商来研究自己的工作，所以才需要将工作的决策权交给在泰罗看来比他们聪明的管理人员来完成。可是，在教育过程中，我们也采纳泰罗的科学管理原理，也就是把"教什么"的权利交给教育行政官员或者学科专家，把"怎么教"布置给学校和一线教师，是不是也同时接受了他的前提预设——教师并没有足够的智商来研究自己的教育工作，尤其是"教什么"的工作？

学校与教师一直都在"怎么教"这个问题上前进着。学校教导处的全称是教学指导处，也就是对学校教学工作进行指挥与引导的管理机构；学校教研组的全称是教学研究小组，它的任务是对学校教学工作进行分析与研究；学校备课组的全称是学科课堂教学集体预备小组，利用集体的力量搞好学科课堂教学活动是它的使命。虽然学校为"怎么教"这个问题配备了大量的管理人员、研究人员与执行人员，可事实上，这个问题仍然没有得到实质性的解决。而且，随着学校行政管理力量的逐渐强化，教导处逐渐沦为学校教学监督处，它无法为学校教学工作提供应有的专业引领，只好在表象上督促教师完成教学任务。当年级组以学校行政管理分支力量渗透到教学过程中时，教研组的溃败就变得无可挽回，这既是因为教研组没有任何行政管理的属性，也是因为教研组对教学研究的无能。备课组似乎已经不再是教研组的分支，它对课堂教学的准备已经不再感兴趣，反倒成了年级组的附属，很多时候是在执行上级布置的行政任务。

让人困惑的是，虽然每所学校都在强调教学工作的重要性，但与之对应的教学专业研究机构却逐渐式微，就连教学管理机构都越来越屈服于行政管理机构。表面上看来，学校教学专业机构与管理机构的退位是学校行政力量过强所致，可是，教学工作作为学校的核心工作，怎么就那么容易被行政力量击退呢？真正导致教学工作退位的原因，可能不在于教学工作的外部力量，而在于教学工作本身的软弱与无能。只是关心"怎么教"，而不去过问"教什么"，这就等于无的放矢——不管你有多大的臂力，也不管你的弓箭有多大的张力，你都无法射中目标，因为你没有自己的目标，或者说目标并不是你自己的。

二、科学化的"教什么"与艺术化的"怎么教"

教学既是科学也是艺术，那么教学中哪些要素是科学，哪些要素是艺术呢？凡是科学的东西，都具有可以重复与可以迁移的特点。在教学中，可以重复，意味着你昨天上得非常精彩的课，今天还可以再来一遍；可以迁移，是指你昨天把课上得非常精彩的方法，在今天或者以后的日子里，别人也可以用这种方法把课上得非常精彩。凡是艺术的东西，都具有个性化与即时性的特点。在教学中，个性化是指你可以用这种方法把课上得非常精彩，但别人用这种方法就不一定也上得精彩；即时性是指你今天用这种方法把课上得非常精彩，但明天再用这种方法就不一定也上得精彩。根据科学与艺术的特征，我们将教学中的"怎么教"与"教什么"两大要素与之相对应，便很自然地把"教什么"归为科学要素，把"怎么教"归为艺术要素。下面我们来看看二者各自拥有的科学和艺术特征。

关于"教什么"，教研组或者备课组讨论之后，甲老师在 A 班教了这个内容，到了 B 班也是可以重复教这个内容的，这就意味着"教什么"是可以重复的。而且，甲老师可以教这个内容，乙老师也可以教这个内容，虽然两个人的方法与过程可能不一样，但他们的教学内容却是可以迁移的。这两点是符合科学特征的。作为教师，在课堂上究竟应该"教什么"，既不应该完全由自己决定，也不可能完全由自己决定。课程标准和教材已经规定了教学内容的范围，但并不等同于规定了具体的教学内容。具体的教学内容还需要教师根据学生的学习情况和考核标准进行调整和选择，这不是教师个人力所能及的，需要教师群体的研究。这正是当前课堂教学的软肋——要么对课程标准和教材规定的教学内容唯命是从，要么靠个人进行主观选择、调整和重组，缺乏教师群体对教学内容的研究、选择和重组。

至于"怎么教"，既不具有重复性，也不具有迁移性。你昨天在 A 班上了一堂成功的课，明天再用这种方法上课，再成功的概率就要低一点；你看到李镇西老师用这种方法非常成功，回到学校你也用这种方法上课，恐怕弄成东施效颦的概率极高。"怎么教"倒是非常符合艺术的特征。一堂成功的课往往具有即时性，它需要教师有灵感，也需要教师能把握当时的课堂情境，有预设的课可以保证不出问题，但难以保证它非常精彩。一堂成功的课也具有个性特征，教师的个性魅力、知识结构，决定了他会选择什么样的教学方法，而这些方法就像镶嵌在教师身上一样，难以为他人所模仿。我们把握了课堂教学的艺术特征，也就明白了为什么课堂教学既不会由于外在的强制或者指导而变得精彩，也不会因为对他人的模仿而更为成功。因为在强制的状态下，艺术家是做不出精品的，而对艺术品的仿制就是地地道道的赝品。

三、"教什么"与"怎么教"的发展和融合

"教什么"属于科学范畴，这意味着不管是课程标准的制定者、教材的

编撰者，还是课堂教学中的教师，都要对教学内容的选择和组织进行科学的研究和分析，只不过不同主体研究和分析的任务不一样，考虑的标准不一样。课程标准的制定者主要是划定教学内容的范围与掌握层次；教材的编撰者主要是考虑教学内容的知识选择和编排顺序；课堂教学中的教师并不是课程标准与教材的被动执行者，他需要综合考虑考试大纲、学生的学习状态以及课堂教学环境等，对教学内容进行整合，包括课堂教学内容的多与少、难与易，学科案例或习题的取舍与添加等。而且，如上面所分析的，当教学内容比较少、层次也比较浅的时候，教师个人对教学内容进行整合的能力是足够的；而随着教学内容量的增加与质的要求的提高，单靠个人对教学内容进行研究是不够的，这种研究应是教研组和备课组的核心任务。

"怎么教"属于艺术范畴，这意味着课堂中的教师要像艺术家那样工作，让自己的思想不受太多的约束，对教育环境的把握有足够的自信，和学生有着良好的互动。更为重要的是，教师要有艺术家一样的素养和自信。我们经常说人的成功要靠机遇，但机遇只垂青有准备的人。的确，很多艺术杰作都来自特别的机遇，但只有具备创造艺术杰作条件的人，在机遇来到的时候才能够成功。所以，教师要想在课堂教学中有精彩表现，的确需要课堂教学中各种要素的配合，但前提是教师要具备较高的素养。当前对课堂教学最大的误解，就是将教师在课堂教学中的成功简单地归因于机遇，而没有看到教师在把握成功机遇背后个人素养的提升，这种素养就是所谓的艺术家一样的素养。再者，就是像艺术家一样自信，这是一种精神面貌，是对具体教学内容和教学策略的超越，更是对自己当前教学境界的超越。如果教师始终拘泥于具体的教学内容，依赖眼前的教学策略，期待短期的教学成绩，相信要获得对课堂教学的自信是非常艰难的。

"教什么"和"怎么教"都很重要。那么，作为一线教师，更应该考虑哪一个问题呢？我们假设教师不考虑"教什么"，只考虑"怎么教"，会出现什么结果呢？肯定是学生学不好，教师也教不好，哪有离开目的谈手段的？我们今天谈课堂教学时，总是在过程的设计与现状的感受上进行调整，教学目标似乎成了教学过程的障碍。殊不知，不同的教学目标，需要不同的教学过程与教学方法，脱离教学目标谈教学过程与教学方法是没有意义的。假设教师只考虑"教什么"，不考虑"怎么教"，会出现什么结果呢？也许学生不喜欢听教师的课，但有一点是肯定的，就是学生的学习方向不会有太大的偏差。虽然教师没有很好地演绎教学内容，但却对它有了很好的把握。

之所以对"教什么"有所偏爱，原因有二：一是当前一线教师对"教什么"太不重视，我要为"教什么"的缺位打抱不平；一是"教什么"是"怎么教"的前提，只有有了科学的"教什么"，艺术的"怎么教"才能够发挥实际的功效，才不至于沦为课堂作秀。当然，对"教什么"的偏爱，并不意味着对"怎么教"的排斥。"教什么"作为科学要素，对它的研究和分析较好把握，也可以集中力量来解决其中的问题；而"怎么教"作为艺术要素，要有所发展，除了全面提升教师个人的专业素养和生活素养外，很难有大的作为。既然如此，也就只好把能够做好的事放到第一位，对于不能科学规划与预测的事就只能寄希望于教师个人的努力了。

3. 课程改革究竟要改些什么

我国的基础教育课程改革正在进入深化与推广阶段。经过前期的尝试与试验，课程改革正在逐渐摆脱文本而走进学校教育实践，逐渐脱离理念困惑而走进课堂教学。然而，课程改革在理论上的澄清，并不等于因此而获得了进入课堂教学的通行证。事实上，随着课程改革的全面铺开，对课程改革感到困惑的人数也在不断增长，一个浅显的问题——课程改革究竟要改些什么——正在被越来越多的教师提及与思考。

一

随着科举制的废除，新式学校与现代教育体制在我国得以诞生，当时的学校教育按照"中学为体，西学为用"的原则，在教学内容上多受西方国家的影响，其中以美国与英国的影响为甚。由于美国与英国的教育体制都采用"课程论概念体制"，所以我国早期的学校也为我们留下了些许课程传统，只不过在当时的学校中，我们并没有接受"课程"这个词，为了更尊重学生，采用了"学程"这两个字，这在以京师同文馆为代表的早期现代学校中可以得到印证。

随着中华人民共和国的诞生，国家主权已经牢牢地掌握在了自己的手中，"中学为体，西学为用"的原则逐渐被淡忘。同时，我国加入社会主义国家的阵营，整个教育体制逐渐由"西方列强"的"课程论概念体制"转向以苏联为代表的"教学论概念体制";教学计划与教学大纲逐渐取代了课程计划与课程标准的地位，而且教学大纲还被细化与具体化为教科书，从而保证教学计划与教学大纲得以落实。其实，这一转型虽然有意识形态的功劳，但并非完全由意识形态决定。新中国成立初期，中国教育面临三大难题：教育资源极度匮乏，教师素质亟待提高，教学内容亟须重构；在这种教育境况下，学习以苏联为代表的"教学论概念体制"的确是解决教育问题的良方。国家统一制定教学计划与教学大纲，并根据教学大纲编撰全国统一的教科书，既可以迅速重构教学内容，又可以通过规模效应节约教育资源，还可以减少教师教学工作的复杂程度。

尽管"教学论概念体制"在节约教学资源与促进教育体制重建上发挥了巨大的作用，但在国家逐渐度过了教育资源的匮乏期与教育体制重建期之后，这种教育体制反而成了阻碍中国教育可持续发展的绊脚石。全国"一纲一本"的教育体制，虽然极大节约了教育资源并降低了教师教学工作的复杂程度，但不利于学校与教师教学积极性的发挥，更不利于学生实践能力与创新精神的培养。当教师"教什么"与"怎么教"都由教学大纲与教科书来决定时，虽然对教师脑力劳动的要求降低了，但教师却因此而丧失了专业的斗志；为了保证全国同样的教学内容与教学进度，学生的学习必须与教材同步，这使得学生丧失了学习的主体性，学习只是完成对文本知识的记忆与搬迁任务。至于实践能力与创新精神，尽管人人都知道它们是重要的，但它们毕竟远离了教学大纲与教科书。在这种情况下，将"教学论概念体制"转向"课程论概念体制"就势在必行。尽管我们需要投入更多的教育资源，对教师的教学素养提出了更高的要求，但为了培养出真正有用的人才，这样做是值得的。

二

用固定的教学内容与统一的教学方法来规范教师的课堂教学，既是节约教育资源的良方，也是降低教师工作难度的捷径，但这却是以牺牲教师的教学创造性为前提，以低效教学与消极学习为结果的。当国家与民众不再以节约教育资源为目的时，如何更为有效地使用教育资源，包括日益丰富的教育物质资源与更为聪慧的教学人力资源，以此满足民众日益增长的教育需求，也就成为此次课程改革的核心课题。为了切实完成此次课程改革的目标，课程改革将焦点放在以下几个方面。

第一，将教材的选择与处理权转移给学校与教师，增大学校与教师的专业自主空间。在"教学论概念体制"下，国家不但负责教学计划与教学大纲的制定，还为中小学校及教师提供了教材与教学指导用书，而且对学生的考核也基本上以教材为主；在"课程论概念体制"下，国家制定统一的课程计划与课程大纲（只限于国家课程部分），对学生的考核也是以课程大纲为标准，这就为学校与教师依据课程大纲选择与处理教材留下了空间。在没有教材选择与处理权的时候，不管有没有选择与处理教材的能力，教师教学活动都同样受制于外在的教材与教学指导用书。我们为教师提供了教材选择与处理空间之后，教师队伍就发生了分化，有能力的教师会因为有了这个空间而"茁壮成长"，没有能力的教师则会因为有了这个空间而暴露了自己能力的不足。这就不难理解，随着课程改革的深入，少数教师因此如鱼得水，而更多的教师则反对课程改革。究竟这种反对是因为课程改革本身不好，还是因为课程改革暴露了自己能力的不足，这是很难区分的；让我们更难以区分的，是究竟是教育管理人员能力不足，还是教师教学能力不足。

第二，通过学科课程的综合与实践化达到"转知成智"的教育目的。在科学研究上，知识的分化是研究进阶的条件与表现；而在知识的应用上，知识的综合更有利于生活问题的解决。在日常生活中，我们碰到的生活问题并没有学科与专业之分，产生问题的原因也总是错综复杂的，这使得对生活问题的分析要依赖于综合思维，对生活问题的解决也需要多学科协调进行。也就是说，学科知识的分化有利于学生获得知识，但要真正将知识转化成生活智慧，更需要学生综合学科知识或者对学科知识的综合。所以，此次课程改革为了真正提高学生的实践能力与创新精神，一方面在课程设置中加大了综合课程的分量，另一方面则直接设置了大量与实践活动密切联系的课程。与此同时，当教育的目的从学科知识的传授转向培养学生的实践能力与创新精神时，不但需要学生转变学习方式，更需要我们的教师有真正的教育智慧，而不是学科知识的仓库。

第三，通过以多元课程评价模式为代表的过程评价，来提高学生的学业成绩（目标评价）与综合素养（目的评价）。考试其实是一种测量手段，它的任务就是把可以数量化的要素通过数字表达出来；而学生的学业成绩并非全部都可以被数量化，人的能力中不能被数量化的要素往往才是最为重要的要素。因此，课程改革非常注重多元课程评价模式的推广，每多一种课程评价模式，就会为学生的成长多提供一个渠道，尤其是大家对质性评价的重视，有助于学生在不能被数量化的学习要素上获得发展，而这些要素往往比学科知识更为重要，比如学生的实践能力与创新精神。在此需要强调的是，课程改革提供的多元课程评价模式看起来与最终的高考和中考相矛盾，其实不然，正确的逻辑应该是教育过程的多元课程评价模式有利于学生实践能力与创新精神的形成，而学生实践能力与创新精神有利于学生学习成绩的获得。当然，这在逻辑上是简单的，但在操作中却是复杂的。

三

对于课程改革，在理念上我们都是接受与认可的，可在教育实践中，我们仍然困难重重，仍然举步维艰。正确的理念在教育实践中无法得到落实，反而给了我们理由来质疑理念本身的正确性，那么，究竟是理念本身错了呢，还是教育实践并没有为这些可贵的教育理念提供落实的条件呢？事实上，要落实课程改革是需要条件的。

课程改革对学校管理者是有期待的。课程改革力求通过分权来激发学校与教师的教育积极性与专业责任感，但有了权利并不意味着就有了正确行使权利的能力；更为核心的是，没有正确行使课程权利并不意味着学校管理者就没有能力。由于课程改革权利只是一种职权，有效地行使这种权利不但不会增加学校管理者的个人收益，反而需要学校管理者花更多的时间与精力去理解与掌握课程改革的精髓；而且，即使你有效地行使了课程权利，如果课程改革与考试改革的方向不一致，也会降低学校的"教育质量"。因此，课程权利的赋予，不仅需要学校管理者有相应的能力，还需要有相应的评价机制的认可。

课程改革对教师是有期待的。课程改革认为今天的教师应该把自己当作专业人员，对教材的选择与处理应该是他们不可或缺的专业能力，他们乐意接受各种有利于学生学习的评价模式，等等。可教育实践中的教师并不一定会与课程改革期待的教师保持一致。比如，他们首先是把教学当作职业而不是完全按自己的兴趣来教，他们更习惯按照教材上课而不是想着如何重组或者重构教材，他们更希望通过考试来督促学生而不是通过活动来教育学生。虽然教师并不能很好地应对课程改革，但并不能因此而认为教师专业能力不行。因为教师专业能力原本是从"教学论概念体制"中培育出来的，虽然它不适合"课程论概念体制"的气候，但并不等同于它不健康。因此，要让教师走进课程改革，不但需要让教师接受课程改革的理念，更要为教师营造一种课程实践环境，让他们在这个环境中看到自己与"教学论概念体制"中不同的自我价值。

课程改革对学生是有期待的。课程改革希望学生是自我知识结构的建构者。可是，在"教学论概念体制"下，我们早已形成了优秀学生的印象：

能够主动向教师学习的学生是好学生，能够很好地掌握教学知识的学生是好学生。而在"课程论概念体制"下，能够勇于质疑教师教学的学生是好学生，能够自我建构知识的学生是好学生。两者对好学生的认同并不是一种转变，而是一种颠覆！因此，在"教学论概念体制"下培养优秀学生，需要的是爱心与勤奋；而在"课程论概念体制"下培养优秀学生，需要的是智慧与意志。

4. 理清新课程改革的实践脉络

　　新课程的理念让我们兴奋不已，而新课程的实践则让我们步履维艰。随着新课程对课堂教学的渗透，教师们越来越发现对理念的理解与接受，并不必然会导致新课程在课堂教学中生根发芽。于是，当我们面对新课程时，少了几分兴奋，多了几分茫然。

　　新课程的提出的确为原本封闭而又保守的学校教育带来了希望，似乎学校教育遭遇到的所有问题在新课程面前都能迎刃而解，比如，从知识的传授转向能力的增进，从单科的跟进转向综合素质的提高，从被动学习转向主动学习，从选拔性考试转向发展性评价，从集中的课程体制转向多元的课程体制。我们没有任何理由去反对其中的任何一项"转向"，这正是长期以来中国教育所需要也是中国教育所缺少的。可是，直接面对课堂时，我们才发现，这些"转向"也只是以教育理想的形态而存在，与其说新课程可以解决这些问题，还不如说新课程只是提出了这些问题，要真正地解决这些问题，仍然离不开身处课堂教学一线的教师与学校管理者。

　　目标越是动听，实现目标的过程就越是艰辛；提出目标可以拍脑袋，而要实现目标则无法纸上谈兵。要让学生在课堂学习过程中不仅学习学科知识，还要增进学习能力，就需要教师对学科知识烂熟于胸，并掌握利用学科知识促进学生学习能力的方法，而后者正是教师们欠缺的。叶圣陶曾经提出"教是为了不教"的思想，以前的课堂教学只是注重对学科知识的传授，并不是因为学校与教师没有意识到学生学习能力的重要性，而是因为他们还没有掌握从学科知识转向学习能力培养的技术。尽管新课程再一次提出了这种教育理想，可与之相应的教育技术并没有因为新课程的出现而出现。因此，要真正实现新课程，还需要教师透彻地理解学生的学习过程与学习方法，根据自己对学科知识与学科思维的把握，真正将学生"被动学习"转变为"主动学习"，通过学生将对学科知识的掌握转化为学习能力的增进，所以，新课程并不仅仅是教育理想，更是对教师教学技术与教学能力的一种要求。

要让学生从单科跟进转向综合素质的提高，就意味着教学如果只是由学科教师负责，则是无法完成的，它需要班级所有学科教师通力合作，这也是学校教学工作所欠缺的。为了提高课堂教学效率，学校的教育模式逐渐从"包班教学"走向"学科教学"。然而，"学科教学"的提出只是解决了课堂教学效率的问题，却造成了学生学科综合思维的欠缺。在教育理想上我们希望学生是一个综合而非片面发展的人；在教育实践中，学生面临的所有考试都是以"总成绩"作为最终标准。那么，如何才能够在"学科教学"中让学生获得综合学科思维呢？这已经超出了学科教师的努力范围，只有通过学校管理者协调学科教师的工作，才有可能实现这个教育理想。然而，学校管理者是否因为新课程的提出就拥有了协调学科教师的能力呢？将视线投射到初中的科学课程以及高中的综合文科与综合理科上，我们就会发现学校与这个目标还相去甚远；看到班主任只是学科教师的"服务员"而非"协调员"时，我们就会明白为什么学生离综合发展还那么遥远。所以，新课程不仅需要学科教师的努力，还对学校管理者在策略与方法上提出了新的要求。

让"选拔性考试"转向"发展性评价"，需要教师对此有正确的认识，也就是说，此处的"选拔性考试"并不是考试部门提供的中考与高考，而是学校中的考试。中考与高考始终都是"选拔性考试"，只是采用的标准可能会发生变化，但它们不可能转变为"发展性评价"。它们如果都转变为"发展性评价"，那么，它们就没有存在的必要了。学校对学生的评价仍然是简单地模仿与重复中考和高考，甚至对学生学习动机的激发也依赖于考试对学生的"刺激"。事实上，学校只有对学生进行长期的"发展性评价"与"诊断性评价"，才有可能保证学生在"选拔性考试"中获得优异的成绩。然而，学校与教师是否意识到了"发展性评价"是为"选拔性考试"奠基呢？他们是否已经准备好了实施"发展性评价"与"诊断性评价"的知识与方法呢？考试部门又是否为他们实施"发展性评价"提供了清晰的目标——高考与中考的内容与程序呢？

我们只有投身于新课程实践之中，才能够清晰地感受到新课程的理想与实践、目标与方法、结果与过程之间的张力。这种张力有可能让我们丧失信心，也有可能让我们努力前行。不管如何，用理性理清新课程改革的实践脉络，用科学的方法铺平新课程改革的实践之道，是我们实践新课程时唯一的选择。

5. 论"课堂教学"与"课程改革"的貌合神离

过去 10 年，是课程改革搞得如火如荼的 10 年，也是课堂教学搞得风生水起的 10 年；但非常遗憾的是，课程改革并没有在课堂教学中生根发芽，课堂教学也没有因为课程改革而扬眉吐气。给大家的印象是，搞课程改革的人搞得很辛苦，但往往停留在理念更新与教材重建上，对课堂教学总有隔靴搔痒的味道；搞课堂教学的人也不轻松，但总是在爱心奉献与方法技巧上转圈，对于如何实现课程改革的目标却束手无策。虽然这样描述有夸大其词的嫌疑，但向大家呈现两者之间的分离现象，却是用心良苦的。

一、被课程改革使唤的课堂教学

课堂教学总是以服务课程为目的的，虽然我们并不否定那些不以课程为目的的课堂教学，但只有以课程为目的的课堂教学才是我们所期待的，那些不是我们所期待的课堂教学，自然就不会成为理性分析与科学设计的对象。正因为如此，在课程改革的逻辑中，课堂教学的概念基本上消失了，而被课程实施取而代之，换句话说，不是实施课程的课堂教学迟早会被课程改革彻底摒弃。用课程实施取代课堂教学，可以让课堂教学更有针对性与目的性；但在拥有针对性与目的性的同时，课堂教学却失去了本身的主体性与艺术性。

当课程改革把课堂教学视为课程实施时，就意味着课程只需要对课堂教学发布命令就可以了，比如，要求课堂教学必须在什么时间、用多长时长、采用什么方式来达到具体的课程目标，至于在课堂教学的过程中究竟会遭遇到什么样的困难，尤其是在课程目标已经非常具体的情况下，课堂中的教师与学生要想有效地落实课程目标会有什么障碍，似乎不是课程改革关心的重点。课程改革的逻辑是有了正确的目标，自然就不会缺乏科学的手段。所以，课程改革的确对原有课程在内容选择、编排形式、评价标准上存在的问题进行了深入的剖析，也比较有创意地解决了其中一部分问题。但对于已经在课程内容、编排形式、评价标准上发生系统变化的新课程，在教学上除了提出要尊重学生、培养学生自主学习的精神和能力、大力推进信息技术在课堂教学中的使用等要求之外，并没有太多实用的建议。

我们认可课堂教学服务课程这个事实，但并不是说课堂教学应该无条件地、不计成本地去落实课程目标。承认课堂教学服务课程目标，只是明确了课堂教学与课程目标的基本定位，有了这个定位之后，两者不但要根据自己的定位做好自己的事情，同时还要站在对方的立场上考虑，只有这样，才能够既服务好课程目标，也搞好课堂教学。此次课程改革无论在理念的引领上，还是在教材的编撰上，都取得了非常明显的成绩；但很难找到相对应的证据说明它充分考虑到了课堂教学的实际情况。其实，正因为课程是课堂教学的上位，所以，课程更需要考虑课堂教学的事实与困难，否则，极容易被课堂教学架空。

二、被课堂教学抛弃的课程改革

在各种各样供教师阅读的书籍中，关于有效教学的总是卖得最好的。如何让自己的课堂变得有效起来，甚至让课堂中的每一分钟都有效，已成为教师们共同的理想。所以，说今天教师的课堂教学不支持课程改革，那实在是委屈了他们。虽然课程改革并不是教师主动发起的，也不可能由哪一个教师来发起，但课程改革的落脚点还是在课堂上，因此，最终实施课程的主体还是教师。相对于课程实施，课程改革者对教师可能还有这样那样的要求。在态度上，尤其是在让课堂教学实现课程目标的态度上，教师们是无懈可击的。当然，要让课堂教学真正地支持课程改革，只有态度是远远不够的，还需要我们理性地审视课堂教学的支持方式与途径。

教师都在想方设法地提高课堂教学的有效性，但他们努力的方向并不是课程有效性，而是课堂有效性，也就是说，课堂教学有效并不是遵循课程标准，而是遵循课堂教学的技术标准。课程有效性是指教师要尽可能地理解与解读新的课程标准，基于课程标准来深刻领会课程改革保留了什么、改革了什么，从保留与改革的基本趋势中重新确立自己的教学理念，从课程目标的达成中选择与之相适应的教学方法。课堂有效性是指教师要尽可能地琢磨整个课堂教学本身的科学性、完整性与系统性，于是，判断课堂教学有效性的标准，就变成了是否有多种教学方法、是否有多元的教学组织形式、课堂教学气氛是否热闹等技术性标准。脱离了课程目标的课堂有效追求，将是一个永无止境的过程，最终也是一个永无结果的过程。

教师提高课堂教学有效性的另外一个方向，是促进学生学业成绩的提高，但非常遗憾的是，决定学生学业成绩的标准与课程标准之间仍然存在不小的距离。虽然课程保持着课堂教学上位的优势，应该成为引领课堂教学的重要内容，但实际上，在课程标准与课堂教学之间还有一个标准，那就是考试标准。在逻辑上，考试标准应该接受课程标准的规范与约束，考试标准的制定既要以课程标准为依据，还要落实课程标准。然而，因为考试标准与课程标准脱节，课堂教学很自然地就将发展方向转向考试标准，于是课堂有效性并不是追求课程标准的有效性，而是追求考试标准的有效性。也可以说，课程标准与考试标准的距离有多远，课堂教学与课程标准的分化就会有多大。

三、课程改革与课堂教学合力设计

课程改革者总觉得压力很大，课堂教学者也觉得任务很重，当双方都觉得很吃力的时候，一定是不再需要大家接着用力，而是需要双方都审视自己用力的方向的时候。课程改革的方向肯定是对的，但对教师教学的要求是否合理呢？课程改革在最基本的立意、课程内容的选择与组织、课程评价方式的确定上，是否考虑到课堂教学的实际情况了呢？又是否为课堂教学的转轨预留了时间与空间呢？同样的道理，课堂教学者在坚持课堂教学的技术标准与考试标准的时候，又是否站在两个标准之上去审视课程标准呢？即使课程标准与考试标准还有一定的距离，又是否看得到课程标准对考试标准的引领作用呢？

课程改革已经十余年了，现在，课程改革不应该再一味地要求他人照顾自己了，而应该以成熟个体的身份担负起教育发展的责任，主动照顾和扶持他人，而最需要课程改革扶持与引领的，是考试标准和课堂教学。如果课程标准不成为考试标准的标准，课程改革就不具备权威性。让教师与学生去面对一个不具有权威性而仅有理想性的课程改革，这本身就是充满风险的事情。课程标准如果不考虑自身的可教学性和易教学性、可学习性和易学习性，即使通过对考试标准的规范赢得了权威，也难以进入课堂，从而被教师与学生抛弃，并最终被更新一轮的理想化的课程改革取代。

课堂教学肯定是需要技术与方法的支撑的，但技术与方法不应该成为决定课堂教学方向的标准，它们永远都是服务于课堂教学目标的。如果让课堂教学成为技术与方法的跑马场，那么课堂教学就只是一个秀场，而学生与老师都只是这个秀场中的观众。为什么要选择某种课堂组织形式、某种教学方法，并不是因为它们放之四海而皆优，而是因为这种课堂组织形式或者教学方法更有利于课堂教学目标的实现。而课堂教学目标来自何处呢？如果只是来自课程标准，那么肯定过于理想化。从短期来看来自考试标准和课程标准，从长期来看主要来自课程标准，应该是比较符合实际情况的。其实，不管是来自课程标准还是来自考试标准，对课程标准的深入理解与深刻解读，才是明确考试标准和课堂教学目标的主要方向。

　　课程改革在理论上的自我论证、在价值观上的自我肯定，导致课程改革缺少技术层面的考虑与支撑；课堂教学在方法上的自我完善、在过程上的自我安慰，导致课堂教学缺少目标层面的思考与引领，这是目前课程改革与课堂教学脱节的主要原因。要真正解决这个问题，就需要我们理性地对待课程标准、考试标准、课堂教学目标和教学技术标准之间的关系，从而避免将课堂教学技术标准置于课堂教学目标之上，将考试标准置于课程标准之上。

6. 如何从"教教材"到"用教材教"

　　新一轮课程改革有很多新意，相信课程专家用三天也解读不完。可一线教师并没有足够的耐心来听这些解读，他们只关心一个更为切身的问题：面对新课程，课堂教学要发生哪些变化？其中最关键的变化是什么？这样的问题虽然过于功利，但还是比较实在的。从个人的体会来看，新一轮课程改革对课堂教学的要求，最关键的是要能够从传统的"教教材"向"用教材教"转变，如果真的实现了这个转变，新课程对课堂教学的其他要求就会随之实现。可是，这样的回答不但没有解决一线教师心中的困惑，反倒让他们更加困惑：平时自己拿着教材去上课，难道就不是用教材教吗？怎么就变成"教教材"了呢？当然，他们平时也的确是在"教教材"，但"教教材"和"用教材教"似乎没有什么区别：你不教教材，那还需要用教材教吗？你用教材教，其目的也还是教教材呀！

一

　　你相信教材会出错吗？人尚无完人，就更别谈教材了，因此，教材出错也是理所当然的。尽管我们并不希望教材出错，可是，当你发现教材错了时，你在课堂教学中是捍卫出错的教材，还是鼓励学生勇敢地指出教材中的错误，并坚持与教材相左却是正确的观点？这个问题看起来比较简单，但较难回答。从理论上说，既然知道教材上的知识错了，当然应该教给学生正确的知识。而在实践中问题并没有这么简单，如果在考试中遇到了这个错误的知识点，即使知道错了，只要照着教材内容回答，还是会得分；如果在课堂教学中勇敢地纠正这个知识点，并鼓励学生掌握正确的知识点，万一学生在考试中遇到了这个知识点，若用正确的知识点答题，能不能得分就不一定了。所以，在理论上，教材肯定有对与错之分，课堂教学肯定是对正确的知识负责，而不是对教材负责；而在实践中，课堂教学是对学生的成绩负责，那就意味着遵循教材肯定是可以得分的，而填写正确的答案则有可能得分，也有可能失分，为保险起见，遵循教材可能是更好的选择。

可是，谁告诉你遵循教材就一定会得分呢？这还需要告诉吗？实在没有必要，只要拿着教材去找改考卷的教师，他就一定会给我分数，哪怕我和他都知道教材上的知识错了。为什么会出现这种明知错了，还一定会给分数的现象呢？这是长期以来"一本教材一统天下"的格局导致的，一统于同一本教材，这本教材就成为真理的代名词。可是，课程改革之后，你再拿着教材去要分数，就不一定这么幸运了，因为改考卷的教师可能会拿出另外一本教材，而刚好你拿的教材是错误的，他拿的是正确的。这个时候再以教材怎么说为标准，就难以保证能够得分了。在这种情况下，让课堂教学对正确的知识负责，才是真正的对学生负责；课堂教学可以借助教材来展开，但不能以教材为唯一依据。

其实，教材出错的概率是很低的，在这里如此强调教师对待出错教材的态度，只是想借此区分一下究竟什么是"教教材"，什么是"用教材教"。从以上分析可知，"教教材"就是"为教材而教"，教材是对的，要捍卫教材的正确性；即使教材错了，也要捍卫教材的正确性，是教材的唯一性决定了教材的正确性。至于"用教材教"，则要求教师只是把教材当作帮助学生寻求真知的工具，在以寻求真知为目标的课堂教学过程中，如果教材错了，自然是要纠正的；即使教材是正确的，如果有更有利于学生寻求真知的教材，也可以放弃目前正在使用的教材；当然，最好的办法并不是让课堂教学依赖于一本教材，而是以学生寻求真知为目标，按照课程标准的要求，综合分析现有的教材，并结合学生的学习情况和自己的教学情况，以超越教材的方式来"用教材教"。

二

课堂教学究竟是用来育分的，还是用来育人的？这是"教教材"和"用教材教"之间的理念差异。如果课堂教学只是用来育分的，那么即使教材上的知识错了，只要能够保证学生得到分数，对错误教材的坚持也是值得的。如果课堂教学是用来育人的，即使教材上的知识是正确的，只要存在更有育人价值的教材，这些教材就是可以更换的。事实上，随着课程标准权威性的增强，教材的权威性已经大大减弱，教师们不但承担着传授教材知识的职责，还承担着鉴别教材知识和对教材知识进行课堂开发的职责。在这样的制度设计下，"育分"已经不再是盲目捍卫教材的借口，对教材的盲目捍卫是教师疏于对教材知识进行鉴别、懒于对多种教材进行横向比较和对教材内容进行课堂化开发的表现。

究竟是教师被教材奴役，还是教材被教师奴役？这是"教教材"和"用教材教"之间的能力差异。根据课程标准编撰出来的教材，并不是用来约束教师教学的，而是用来约束学生学习的。学生应该掌握哪些知识，在这些知识中哪些应该重点掌握，哪些应该泛泛了解，在教材中都可以找到相应的指引。那么，教师在教授教材时，自然应该把学生的学习能力与教材结合起来，在需要教师帮助的地方丰富教材内容，在不需要教师帮助的地方简化教材内容，只有这样，才可能真正做到把教材当作帮助学生寻求真知的教学工具。教师为了帮助学生寻求真知而使用教材，意味着教师是根据教学的需要来选择与解读教材的，这就要求教师要有跳出教材看教材的视角，要求教师要有对教材进行课堂开发的能力。在传统的课堂教学中，看上去是教材在奴役教师，但教师却因为教材的奴役而可以在思想上有所怠惰；在新的课堂教学中，看上去是教师在奴役教材，但对教师的能力却提出了更高的要求。

　　教学是按照教材的知识逻辑，还是依循学生的心理逻辑？这是"教教材"和"用教材教"之间的实践差异。如果把掌握教材当作课堂教学的目标，那么，按照教材自身的知识逻辑来展开教学，是帮助学生掌握教材的一条捷径，尽管这样的教学会让学生牺牲自己的学习兴趣，但可以换来学生对教材的模仿能力的提升。如果我们把教材当作帮助学生寻求真知的工具，课堂教学的真正目的不是简单地模仿教材，而是要通过教材来提升学生的学习能力，我们就可以跳出教材自身的知识逻辑，根据学生学习的心理逻辑来重新组合教材，从而实现学生学习兴趣与学习能力的双赢。在传统的课堂教学中，在教材一统天下的局面中，教师成为教材的代言人，学生成为教材高峰的攀登者，通过磨损学生的兴趣换来他们对教材知识的掌握；而在新的课堂教学中，教师成为学生学习的帮助者，通过对教材的重组与重构，来帮助学生寻求真知，建构属于自己的知识结构。

三

　　科学解读课程标准，是课堂教学走向"用教材教"的第一步。课堂教学要帮助学生寻求真知，建构属于自己的知识结构，但学生的学习时间是有限的，学习精力也是有限的，不是什么真知都需要学生在有限的时间与精力内掌握，学生的知识结构也不可以无限制地增长下去。那么，究竟哪些真知是学生必须掌握的？学生的知识结构必须包括哪些真知？这些并不是教师可以随心所欲选择的，而是学科专家和学科教学专家通过系统的研究和分析之后，以学科课程标准的方式来选择和界定的。因此，对课程标准的深度解析，是对"用教材教"的目标的设定，自然也是对"用教材教"的过程中基本原则的明确。

　　深度研判考试标准，是课堂教学走向"用教材教"的第二步。课程标准肯定是非常重要的，但如果课堂教学只是以课程标准为标准，那么这样的课堂教学肯定是低效的，因为没有人可以保证这样的课堂教学符合考试标准。从逻辑上说，课程标准既应该是教材撰写的依据和准则，也应该是考试标准的依据和准则。而在实践中，在撰写教材的过程中，虽然会遵循课程标准，但并不意味着教材百分之百地体现课程标准。正因为不同的教材对课程标准的体现各有千秋，所以鼓励教师要跳出教材开展教学。同样的道理，在确定考试标准和编制考试试卷的过程中，也应该遵循课程标准，但由于对考试功能的界定不一样，考试对课程标准内容的侧重点不一样，不同的考试标准和考试试卷，虽然都会体现课程标准的精神和准则，但各自的要点与特征却有着很大的差异。然而，最后判断课堂教学有效性的，并不是课堂教学与课程标准的适合程度，而是课堂教学与考试标准的适合程度，因此，教师研读课程标准有利于为课堂教学明确方向，但具体的教学重点还有待教师对考试标准的研判。

深入分析学习过程，是课堂教学走向"用教材教"的第三步。如果课堂教学以教材为归宿，那么不管是教师还是学生，都应该牺牲自己的教学个性，牺牲自己的学习个性，来满足教材对教学和学习提出的要求。所以，在"教教材"的过程中，学生学习肯定是痛苦的，教师教学肯定是刻板的，当教师与学生基于"以教材为本"相互折磨时，彼此之间虽有怨言，但他们都认为这是必需的。当教材在课堂教学中只是作为工具时，课堂教学的目的就变成如何帮助学生寻求真知和建构知识。要帮助学生寻求真知，建构知识结构，前提是要对学生的学习过程有深入了解。如果对学生的学习过程缺乏了解，我们就无法保证为他们提供的课堂教学有助于他们寻找真知与建构知识，更可能出现的情况，是我们本来想帮助学生更好地寻找真知与建构知识，但却事与愿违，越帮越忙。从"教教材"到"用教材教"，让教师的课堂教学从教材的奴役中解放出来，并不等于课堂教学可以随心所欲，而是希望课堂教学能够真正地服务于学生的成长。因此，这样的转换，既需要教师有从教材中跳出来并反过来驾驭教材的能力，还需要教师对学生的学习过程有全面了解。

7. 教材在课堂教学中缘何"反仆为主"

曾看过这样一则法制故事：为了照顾年老多病的独居父亲，子女们为父亲请了一位中年保姆。中年保姆尽职尽责，照顾父亲的烦恼没有了，但新的烦恼接踵而至：随着父亲的离去，保姆以父亲妻子的身份欲独享父亲的遗产，因为她既有与父亲的结婚证，还有父亲将所有家产赠予保姆的遗书。此时子女们才清醒过来：既不能让保姆"缺位"，也不能让保姆"越位"，"越位"带来的损失往往比"缺位"还大。这不由得让研究教育的我，将这位保姆与课堂教学中的教材联系起来，并产生这样一个问题：课堂教学中的教材是否已经"越位"了？如果已经"越位"了，那么教材又是如何从"缺位"过渡到"越位"的呢？"越位"之后的教材又应该何去何从呢？

一

孔子和苏格拉底虽然素不相识，但在教育教学上都不重视"教材"。孔子提倡"述而不作"，在他看来，教育内容在人的思想之中而不在文字之中；而苏格拉底的"产婆术"强调在"一问一答"中揭示教育内容，在他看来教育内容是在教学过程中生成的，而不是事先策划并建构好的。应该说，在他们那个年代，根本就不存在今天的教材，他们也不愿意使用教材。从中我们能够隐隐约约地感觉到他们对"教材"的担忧：有了教材，就会抑制教学过程的生动性与生成性。

在今天的课堂教学中，没有教材似乎是一件难以想象的事，像孔子与苏格拉底那样的个性化教学已经变得极为稀缺，即使仍然存在，似乎也已经不合时宜。在今人看来，孔子与苏格拉底本身就是知识的化身，他们有能力将自己演绎成一本活教材，所以他们就没有必要让自己的思想与知识和外在的教学标准保持一致，没有必要当然也不愿意让自己的教学活动接受他人的评价与规范。事实上，正是他们当时的身体力行，才塑造了今天课堂教学的基本标准。然而，今天的教师毕竟不是生活在他们那个时代，随着教学知识的丰富，要让教师自己成为"活教材"几乎是不可能的；教师也不可能成为知识的化身，而只是学科知识的传授者。这就要求他们不但要保证自己传授的知识与课程标准保持高度一致，甚至教学过程本身也要接受外在的评价与规范。在这种背景下，教材"登堂入室"也就顺理成章了，因为大家相信教材是离课程标准最近的教学资源，在自己没有完全吃透课程标准之前，忠实于教材就是忠实于课程标准；而且，对教材的统一使用，既有利于学校对教师的规范管理，也有利于教师避免由于自己的个性理解而产生教学偏差。

二

可是，有了教材，似乎没有为教师带来更多的幸福，也没有为学校管理者减轻管理的负担。教材不但没有因为自身的规范而减轻教师的教学负担，反而消磨了教师的教学个性，而没有教学个性的教师是忧郁的。

自从有了教材，原本是脑力劳动的教学劳动就转变成体力劳动。在孔子看来，教师是用自己的思想与知识来开展教学的，所以，教育教学过程是教师脑力劳动强度最大之时，既要关注教育环境与教学情境的变化，还要不断调整自己的教学思想与学科知识来应对教学情境。也正是因为教学过程对教师教育智慧的挑战最大，所以课堂教学才最有活力。当前，为了减轻教师的教学压力，用教材来分担教师的劳动强度，把学科知识根据教学进度进行分隔与组合。然而，原本很好的打算，却在课堂教学中产生了许多意想不到的结果：课堂教学不再是教师充分激活教学思想与展现教育智慧的阵地，他们反而要被动地完成教材规定的教学内容和教学任务。前者是典型的脑力劳动，也是教学活动的乐趣所在；后者是典型的体力劳动，成为教学活动的苦水之源。让我们担心的不只是课堂教学本身的喜怒哀乐，还有教师由此形成的简单思维：被动而又消极地肢解教材内容并简单地复制这些内容，即将教材上的知识复制到自己的大脑中，再将大脑中的学科知识复制到学生的大脑中，并尽可能地帮助学生将大脑中的知识复制到试卷上。在这个过程中，教师逐渐丧失了作为脑力劳动者应有的智慧，即保持自己对教材内容的批判性占有，在课堂教学中保有自己的积极心态与教学智慧。

教材原本只是用来帮助教师教学的，只是教师为搞好教学请来的"佣人"或者"长工"。不知经过哪些变化，这个"佣人"转变成了教师的"主人"，教师反倒成了教材的"佣人"或者"长工"。从教材进入教育教学的过程来看，教材"反仆为主"主要依靠的是以下几种力量。

第一，随着学科知识在教学内容中的增长，教材逐渐取代教师个人的思想与知识，成为课堂教学中学科知识的化身。正如我们习惯了用筷子吃饭，有一天找不到筷子的时候，发现自己无法吃饭了，因此，筷子迅速地从"工具地位"跃升到了"主人地位"。与此类似，当教师们习惯"教教材"后，也就形成了对教材的"工具依赖"，一旦教师在教学中开始依赖教材，教材的地位就发生了质的转变。教材原本只是帮助教师整理教学内容，现在却成了教师课堂教学内容的主宰。

第二，教材成为国家课程大纲与课程标准的代言人，也理所当然地成为各类考试包括高考与中考的"指定参考书"，尽管高考与中考采纳教材内容的比例越来越低，但其作为唯一的"指定参考书"的地位还是让教师们恋恋不舍。其实，今天教材的"经典地位"并不是由国家课程大纲与课程标准的地位带来的，主要是由高考与中考"指定参考书"的地位而获得的。此外，对教材的顺从也是教师避免个人承担专业责任的一种方法。试想，如果有教师完全按照自己的知识体系来开展教学，尽管这是专业自主权的表现，是教师个人教学智慧的体现，但如果学生考差了，这个责任却是他个人不敢也无法承担的。如果教师完全按照教材体系开展教学，即使学生考得不尽如人意，他也不必承担教学内容选择与组织上的责任。

第三，教材在课堂教学中的推广与学校管理的统一性与规范性保持高度一致，因此，学校管理者不但迅速接受而且极力推进教材在课堂教学中的使用。当孔子与苏格拉底这种人只有一个时，就是天才；如果学校有一堆这样的教师，他们就是怪才，而怪才对学校管理的破坏性影响是不可估量的。学校管理者更相信统一与规范，而不相信甚至害怕教师的个性与创新，而教材的使用与推广正好给学校管理者提供了名正言顺"管理"教师课堂教学的理由与线索。完全可以想象，如果每位教师都像孔子与苏格拉底那样自由与自主地教学，学校管理者在教学管理中将会面临多大的挑战。一旦要求教师完全根据教材开展教学，学校管理者就会有对教师课堂教学进行规范与评价的依据，虽然这种规范与评价标准的效用不一定理想。

三

如今教材做了"主人"，然而，将富有思想的教师交由教材来管理与控制，势必会压抑课堂教学的效率与品位。今天，究竟应该相信教材还是教师，应该"教教材"还是"用教材教"，已经成为大家争论的话题。这样的争论，是教师教学意识的重生，是教师教学自主权的萌芽，是课堂教学从"教学境界"走向"课程境界"的起步。

苏霍姆林斯基是一线教师中当之无愧的佼佼者，近日读他的《给教师的建议》中关于教材教法的内容时，深深地为他强烈的教学意识、大胆对教学自主权的争取与表现所折服。在他看来，从来就没有让人顶礼膜拜的教材，只有为他所用的教材。他大胆地提出要具备两套教学大纲，还提倡教师要鼓励学生进行超越教学大纲的学习。表面上看，这是苏氏个人教学策略的介绍，可从他建议的这些教学策略中，不难读出他超越教材甚至超越教学大纲的勇气。虽然他身处具有浓郁教学色彩的国度与年代，但我们可以感受到，他的成功并不是简单的教学策略上的创新，而是对课程体系的批判与重构。

不管教材拥有什么样的地位，也始终改变不了自己作为"佣人"或"长工"的出身。教材不可能替代教师对学科知识的思考，更不可能替代教师的教学智慧。课堂上只有有了教师这个鲜活的思考者，才可能为学生提供灵动的课堂教学。如果教师心甘情愿地做教材的奴隶，那么真正做奴隶的远不只是教师个人，还有那些对知识充满渴望却不得不跟随教师行动的学生。当学生感到教师只是教材的代言人时，就会蔑视教师在课堂教学中的奴性，因此就会直接挑战教材的权威性，但这种挑战往往会因为失去教师的帮助，甚至会因为教师主动"捍卫"教材而以失败告终。于是，学生不仅会抛弃教材，还会因此而抛弃教师，从而远离课堂教学。这就不难解释为什么今天的学生什么书都读，可就是不读教材。很难想象，一位对教材百依百顺的教师，能够为学生提供富有激情和有智慧火花闪现的课堂，培养出富有创新意识的学生。

其实，不仅教材是教师的"佣人"与"长工"，相对于学生的学习而言，教师的课堂教学也处于"佣人"与"长工"的地位。虽然教师可以根据自己的教学智慧来重组、优化、丰富教材，但是其教学智慧必须服务于学生的学习。因此，教师对教学内容的选择与组织、对教学方法的选择与构想、对教学组织形式的设计与架构，都应以服务于学生的学习现状与进程为标准。教师如何"用教材来教"，如何在教学过程中"用好教材"，还要以教师在教学过程中对学生学习现状与进程的把握为决策依据。拥有了这样的教学判断，也就完全可以理解苏霍姆林斯基在《给教师的建议》中为什么如此关注对学生脑力劳动的了解与引领，如此强调新教材的教学，如此强调不同学科教学方法的选择，如此关注教材之外的随意学习了。或许，我们只有绕过他呈现给我们的教学策略与技巧，才能真正地读懂他的教育智慧，而后者可能更为重要。苏氏可能从来没有想到，他这个人、他的思想，远比他呈现给我们的教学策略与技巧更为重要。而除了拥有属于自己的教学策略与技巧，我们自己的思想与教育智慧又在何处呢？

8. 论课堂教学中教师的进退之道

在《读者》上看到过这样一则故事："隋炀帝对他的大臣杨素夸耀自己说，朕的文才也是满朝第一。于是，隋王朝在文学史上是一张白纸。陈子昂登幽州台悲叹'前不见古人，后不见来者'，正是针对这种文学断层而言。皇帝爱文学，对文学而言，可能是幸事，但也可能是大不幸事。"读到这里，我不由得将隋炀帝与文人的关系，同课堂中教师与学生的关系类比起来，于是得出同样的结论：教师擅长学科知识，对学生而言可能是幸事，但也可能是极其不幸之事。教师掌握足够多的学科知识，并不必然会因此而成为一位优秀的教师。如果教师用自己的学科知识去帮助学生掌握学科知识，那么他表现出来的是教育智慧，而不是演员的荣耀，这是他的学生最大的幸运；如果教师用自己的学科知识去证明自己的学科价值，那么，他表现出来的是演员的智慧，而不是教育者的荣耀，这是他的学生最大的不幸。

一

学科教师往往比学生掌握了更多的学科知识。学科教师，要么是从相应学科的大学院系毕业，要么是个人对所教学科有精到的见解，之所以在学校承担学科教学，正是因为有此学科资本。今天学校的数学教师往往是大学数学系毕业的，英语教师往往是大学英语系毕业的，他们与从来没有接触过学科知识的学生在知识上存在差异是必然的。对教师来说，学科知识自然是越多越好；而对学生的学习来说，教师丰富的学科知识究竟是幸还是不幸，还很难得出定论。

在某省级重点高中听过一堂数学课，数学教师从某重点大学数学系毕业，讲解起数学题目来滔滔不绝。在短短二十分钟内，分别用三种方法讲解一道高考数学难题，讲完之后很关心地问学生："你们都听懂了吗？"我悄悄地问自己身旁的同学是否听懂了，这位同学很是幽默地回答道："每种方法我都听懂了三分之一。"我想，如果这位同学在考试中遇到这道题，肯定无法像他的老师那样自信。记得我在一次考试结束之后就曾受到过一位教师的责备，说他在上课时至少用三种方法解答过这道题，为什么我连一种也没有掌握。原来，我也只是掌握了每种方法的三分之一，而这并不足以让我得出这道题的正确答案。

我的高中化学老师只是文化大革命前的高中生，甚至他高中是否毕业我们都无从知晓。这位老师对教学信心十足，而对学科知识的信心则不是很强。每次上课，讲完书上的例题和解题方法，他就问我们是否还有更简单的解题方法。最先我们以为他在卖关子，慢慢地却发现他还真是"黔驴技穷"了。于是，同学们为了证明自己比老师更有学问，也为了证明自己比其他同学更聪明，就通过各种途径来探寻解题方法。尽管老师没有为我们提供三种以上解题方法，但我们却真正地掌握了一种属于自己的解题方法。哪怕我们真的很笨，至少我们掌握了教师在课堂上讲解的那种"很笨"的方法。正是这位看起来很笨的教师，在学科知识上没有炫耀资本的教师，让我深深地喜欢上了化学，学会了思考化学，自然，应付化学考试的能力也就形成了。

二

课堂就是一个人生大舞台，但这个舞台上只能有一位主人公，要么是教师，要么是学生。如果是教师，那么学生就成为配角或者观众；如果是学生，那么教师就成为配角或者观众。如果以学科知识的多与少来论英雄，那么教师就是当之无愧的主人公，可问题在于，教师是否应该做这个主人公？

　　教学究竟是应该偏"教"还是应该偏"学"，如果认为教学应该偏"教"而轻"学"，那么，教师自然就会成为课堂中的主人公，并要求学生的学习听命于教师的教学；如果认为教学应该偏"学"而轻"教"，那么学生自然就会成为课堂中的主人公，教师的教学只是服务于学生的学习。因此，教师的价值并不在于自我学科知识的丰富程度，而在于帮助学生掌握学科知识的程度。在理论上，大家都认可后者，即教学应该偏"学"而轻"教"，因为学生的主体地位是教师无法替代的，至少高考与中考总是学生要面对的。但在日常教育生活中，教师们却不自觉地按照前者行事，即教学偏"教"而轻"学"。道理很简单，如果将教学定位为偏"教"而轻"学"，那么教学工作就更容易表现教师的学科价值，也更容易体现教师个人的价值。当教师在课堂上展现才华时，这时他无疑是幸福的。可是教师究竟应该追求什么样的幸福？是一位教育者的幸福还是一位演员的幸福？

　　演员的幸福在于他能够做到别人做不到的，成龙的成功就在于他的演技是我们学不会的，周杰伦的成功就在于他的唱功是我们练不了的。教育者的幸福则在于他能够教会别人做到自己能够做到的，甚至做到自己不能做到的。魏书生老师的成功并不在于他拥有高于他人的语文水平，而在于他拥有教会学生学习语文的能力，甚至拥有让学生的语文水平超过自己的能力。教师要追求演员的幸福是容易的，因为教师天然地拥有几十位甚至上百位观众。但演员的幸福并不能取代教育者的幸福，当教师把自己当作演员的时候，他离学生就会越来越远，学生的学习离教师的教学也会越来越远。正如隋炀帝说自己也是一流的文人时，不但他离文人越来越远，就连他统治的整个国家都离文学越来越远。

三

　　既然课堂上只允许有一位主人公，教师就必然会面对"进"与"退"的选择。如果我们只是论述课堂这个舞台，教师的"退"就成为一种必然，甚至可以说，只有有了教师"退"出来的空间，才有学生"前进"的空间。如果教师利用自己学科知识的优势占据这个空间，那么学生永远都只能仰视教师，将教师当作一名自己无法企及的演员，从而让自己在学习这条路上不思"进"取。这听起来只是日常道理，但在课堂教学中却表现得实实在在。当教师在课堂上总是急于将备课内容讲完时，当教师在课堂上总是急于将自己精妙的解题方法演绎出来时，教师就成为这堂课的主人，学生就只是欣赏教师的观众。当下课铃响时，这堂课也就"曲终人散"了，留给教师的是"一片掌声"，留给学生的是"为教师拍了一片掌声"。当教师在课堂教学中为学生让出一条道的时候，冲锋陷阵的是学生，摇旗呐喊的是教师，最后的胜利者是学生，同时也造就了教师的成功。

　　虽然我主张教师在课堂教学中应该"退"出来，但不等于教师在课堂教学过程中表现得"无能"。教师在课堂教学中的"进退之道"的前提，是要在课堂教学中给自己一个非常明确的定位，然后据此"有所为，有所不为"。"有所为"的地方就是自己应该"进"的地方，"有所不为"的地方就是自己应该"退"的地方。在"有所为"的地方"退"了叫"缺位"，在"有所不为"的地方"进"了叫"越位"。教师在课堂教学中的"缺位"与"越位"，不但会影响到个人的专业价值，还会影响对学生的塑造。教师在课堂教学中"越位"时，就会让学生在应该"进位"的地方表现为"缺位"，比如，教师在课堂教学中表演时，学生就会缺少自主参与；教师在课堂教学中"缺位"时，就会让学生在应该"退位"的地方表现为"越位"，比如，当教师对学生的引导与规范不到位时，学生就会格外调皮。

　　教师的定位是什么呢？用习语来说，是："教师是蜡烛，燃烧了自己，照亮了别人。"按照传统的理解，认为这句话是要教师对学生无私奉献，甚至不惜牺牲自己的亲情与生命。其实，这句话并不是让教师简单地燃烧自己，而是要教师在如何成为一支"有质量"的蜡烛上"进位"，在与学生争光夺彩上"退位"。每一个人在求学生涯中，既会碰上教师的优秀，也会碰上优秀的教师。前者往往用他的优秀来换取自己的成就感，让学生远离学习；后者则用他的优秀换取学生的成就感，让学生离学习越来越近。所以，碰上教师的优秀，或许是我们最大的不幸；碰上优秀的教师，才是我们最大的幸福。

9. 老师，您的教学资源还有多少

  曾经一次非常真实的听课，给我留下了深刻的印象：上课的教师是敢于与我直面谈话的朋友，听课的学生中有一位和我非常亲近的孩子，而他们都不知道我与对方的关系。由于是较为熟悉的朋友，教师在课堂上就没有过多"作秀"的成分。当然，说这堂课较为真实，不仅仅是因为没有"作秀"的成分，还因为我对这堂课中涉及的人际关系有较为清晰的把握，可以更为真实地就这堂课进行对话与反思。

  看到我去他们班听课，放学后，这位孩子迫不及待地打电话给我，像是揣摩到了我想从他那儿了解关于这堂课的真实情况一样。孩子总是性急的。我问这个性急的孩子："你觉得这堂课上得怎么样？"他说："就那么回事吧，天天都这样上课，只是讲的内容不一样而已，没有什么新鲜的。"我说："上课的时候，我发现你们没怎么好好上课，老师提醒你们，你们也不怎么在意，这是为什么呢？"他答："老师上课一点意思都没有，他讲的知识书上基本都有，在下面坐着难受，不动动不行呀！"我追问："老师讲的知识你们都懂了吗？"他若有所思地答道："怎么可能都懂了呢？只能说教材都懂了，可考起来还是有不懂或不会的地方。"我再追问："为什么会这样呢？"他答："如果考试只考老师讲的，那我们还不都得考一百分，考试就是考我们没有掌握的呀！"……

  我终于明白了一个原本非常浅显但却经常被忽视的问题：学生是聪明

的。这不仅表现在读书上，更表现在他们对课堂与考试的理解上。想了很久，我突然想问问上课教师是怎么看待这堂课的。于是，我拨通了这位朋友的电话。

我单刀直入："你认为今天这堂课上得怎么样？"他开玩笑道："你是让我检讨呢？还是让我反思呢？"我答："我只需要你真实的想法。"他说："这种课我一天差不多三节，一周差不多十六节，你觉得会上得好吗？"我只好沉默。他见我不接话，便继续说道："学生是熟悉的，教材是规定的，上课的模式是传统的，上课的效果是一般的。"我笑道："那你为什么还要学生认真听课呢？"他说："还不是因为这些内容都是要考试的。"我追问："是月考要考，还是期末考试要考，还是高考要考？"他说："反正要考，学生就得听。"我开玩笑道："原来你的法宝，还真是考试呀，如果学生知道你讲的东西不一定考，那学生岂不是有理由不听了？"他说："逻辑上应该是这样。"我继续问道："那你的教学资源，就是教材与考试，与你有什么关系呢？"他沉默许久，然后断断续续地说："你是说，我自己没有教学资源，或者说我的教学资源枯竭了，无法吸引学生进入我的课堂。可什么是教学资源呢？……"

挂了电话后，我的头脑中还萦绕着他讲的那句话：我的教学资源枯竭了。教师的教学资源枯竭了吗？这的确是一个非常深刻也富有实践意义的问题。看着教师整天疲于奔命地工作，看着课堂教学中教师只能用"师道尊严"来维持秩序，只能用"考试"来要挟学生听课；想着学生在学习的过程中无聊的样子，想着他们被考试折磨而教师又因无助而感到无奈，我在想：这一切都是为什么呢？是不是因为教师的教学资源的确枯竭了呢？或者说是因为教师的教学资源枯萎了吗？

在今天的教育教学过程中，教师的教远胜于学生的学。不论是对学习内容的确定，还是对学习过程的监控、对学习方法的选择，教师都居于绝对主导的地位。学生只是教师指定的教育教学过程中的棋子，对于这盘棋是如何布置的、下棋过程蕴涵着哪些技能技巧，都一窍不通。学生唯一需要关心的，就是按照教师的旨意行动。这样看起来比较轻松，可事实上，学生也就无从感受下棋带来的幸福。教育教学过程包括两个内容：一是教学过程，一是教学内容。教学内容是由课程大纲与教材规定的，不但学生没有决定权，教师也没有选择的权利。因此，教师教学资源的有效性，其实与教学内容无关，而与教学过程的有效性有关。在教学过程中，最为关键的，并不是让学生学会知识，而是让学生喜欢上读书，更进一步则是让学生学会如何读书。当学生被教师强迫或者威胁着去读书时，教师还拥有什么样的教学资源呢？

对教育教学过程中教师与学生的关系，我们可以用司机与汽车间的关系来说明。在汽车行驶的过程中，不管司机如何驾轻就熟，真正让汽车移动的，永远是汽车的内在动力。如果汽车的内在动力不行，再聪明的司机或者力气再大的司机，要让汽车行动自如都是困难的。与此相应，在学生的学习过程中，不管教师如何敬业、专业，也不管教师个人对学科知识的把握如何精到，真正改变学生自我的，永远是学生自己的行为与行动。教师只能够帮助学生更好地行动，永远都不可能取代学生。然而，司机往往越开越熟练，这是因为他熟悉了汽车，并学会了根据汽车的习性驾驭汽车；而教师则越教越痛苦，这是因为教师并没有想着如何认识学生与学习，并通过教学过程激发学生的学习动机，而是想着如何将教学内容直接嫁接到学生身上。当学生排斥时，教师就会更加主动地将教学内容强加给学生，这使得教师不得不花更多的时间去管制学生，甚至恨不得自己去取代学生。用司机与汽车的关系来形容师生关系，可以发现教师不是为汽车加油，而是鞭打汽车，当汽车不动时，恨不得自己推着汽车前进；当汽车推不动时，恨不得自己背着汽车前行。当司机熟练地驾驶汽车时，耗费的资源是汽车的；当司机鞭打汽车，甚至背着汽车前行时，耗费的资源则是司机自己的，你说，这样司机能够不越走越累吗？这就难怪教师会越来越痛苦，甚至感觉到自己的教学资源在逐渐枯萎，直到教学资源逐渐耗尽，剩下的只是简单的怒吼与强制了！因为我们总是在鞭打学生，甚至背着学生在学习这条路上奔跑，这样的教学过程是对教师教学资源的消耗，而不是对学生学习资源的激发。

在爱因斯坦看来，提出问题的价值远大于解决问题的价值，然而，从事教育教学实践的教师并不是从事学术研究的学者，他们的职责就是解决问题。我们意识到了教师教学资源的问题，并不意味着这个问题就解决了。那么，如何才能在课堂教学中让"推汽车"或者"背汽车"改为"驾驶汽车"呢？道理很简单，那就是向司机学习。司机要为汽车寻找动力机制，教师则要帮助学生激发学习动机，而且这种动机必须是内在的，而不能是外在的诱惑或者强制。在教育教学过程中，教师不要推着或者背着学生前进，而要帮助学生找到学习的动力与方法，让学生感受到学习过程本身的乐趣。

当我们把教育教学过程寄托在学生的内在动机上时，就会产生另外一个问题：学生自我学习的动力是潜在的还是外在的？如果是潜在的，那么只需要激发就可以了；如果是外在的，就得进行开发了。在笔者看来，学习是一种本能，人从最初的弱小走向日后的强大，是一个主动学习与强化自我的过程。在没有受到社会抑制的情况下，人总会主动地学习以达到自我实现的目标。但是，一旦把学生的学习成就与教师的声誉和利益联系在一起，学习就不再只是学生个体的本能，还成为教师的一种需要。于是，学生的学习就脱离了学生学习的本能，而成为教师与社会的一种需要。

就当前我国教育教学的现状来看，教师更多的是在管制，而不是在引导学生走向学习。因为我们总认为学生的学习动机是外在的，需要教师去开发。殊不知，开发的过程正是抑制学生学习本能的过程。当我们花更多的时间去开发时，不但耗掉了自己更多的资源，还抑制了学生学习的内在动机。

因此，教师的教学资源，当然包括他的能力与知识，可能会超越单个的学生，但是与几十位甚至上百位学生的能力与知识的总和相比，却永远是弱势的。这就要求教师必须对自我有一个明确的定位——学生学习的帮助者。我们要清楚，尽管学生的学习与自己有利益关系，但这并不意味着我们可以去强制或者替代学生。只有学生满足了自己的学习需要，教师才可能实现自己的利益需求与价值追求。因此，激发学生的内在学习动机，开发学生及学生群体自有的教学资源，才是开发教学资源的正确途径。如果教师把自己当作推着学生学习的人，总有一天教师的教学资源会枯竭；如果教师把自己当成引导学生前进的人，那么他就会像司机一样驾轻就熟，舒适地坐在汽车里面轻松前行！我们期待着这一天——司机与汽车浑然一体，教师与学生亲密无间。

10. 学科教师的教学盲点与学科整合

教育是以培养人为目标的，当然，这个人是一个完整的人，不是由不同学科简单拼凑起来的人。在理论上，大家对此深以为然，道理很简单，不管是高考还是中考，学生都是以总分取胜或者落败的。可是，在学校教育实践中，大家对此却不以为然，道理也很简单，因为每位教师都只需要对自己的学科考试成绩负责。学生在学科考试中取得了优异成绩，对学科教师来说是雪中送炭；如果还能够在整体上取得优异的成绩，当然就更好，但这对学科教师来说仅仅是锦上添花。看来，促进学生全面发展，在理论上是一个非常简单的问题，可是，一旦到了教育实践中，从不同主体的利益角度来分析，就成了一个复杂的实践问题。

一、学科教师的教学盲点与利益抉择

人有两只眼睛，可面对纷繁复杂的现象世界，两只眼睛仍然是不够用的，于是，现象世界就给人留下了许许多多的盲点。如果我们正视这些盲点，并通过人与人之间的合作，就可以克服这些盲点带来的弊病；如果我们无视这些盲点，将自己看到的现象当作现象世界本身，往往就会闹出很多笑话，也会成为诸多错误的根源。其中最为典型的，就是我们在小学时代就已经听说过的瞎子摸象的故事。

一位国王为了取乐，找来四个生下来就眼瞎的人和一头大象。国王将四个瞎子分别安置在大象身旁不同的位置，然后命令他们伸手去触摸大象，并根据自己的理解叙述大象长成什么样子。于是，摸到大象脚的人说："大象长得像一棵树。"摸到大象尾巴的人说："大象长得像一条绳子。"摸到大象鼻子的人说："大象长得像一根水管。"摸到大象耳朵的人则说："大象长得像一把大扇子。"此时，在一旁观看的人都不禁大笑起来。瞎子什么也看不到，和常人视野中有盲点一样，和常人思想中有盲点，更是如出一辙了。尽管我们早在上小学的时候，就会笑话"瞎子摸象"的过错，可是，当我们当了教师，甚至当了校长时，却仍然在犯类似的错误，不但在视觉的盲点上犯这种错误，更为可怕的是，经常在思想的盲点上犯这种错误。

尽管在教师的视野中，每一位学生都是一个完整的个体，但这只是表象的完整，对于每一位学生的知识结构、品德结构，学科教师则很难有全面的认识与把握。虽然在理论层面上总是提倡培养学生的综合素质，促进学生全面发展，但是，鉴于知识与职业视角的局限，学科教师只能着眼于特定学科知识与学科素养的培养，这就形成了学科教师在学生培养中的"教学盲点"。对于特定的学生，每一位教师都只能洞悉其知识结构的某一个方面，超越这个方面的部分，就成了教师的教学盲点。比如，语文教师能够非常清晰地了解学生的语文知识，但语文知识以外的部分，像学生的数学知识、化学知识，等等，就超越了语文教师的知识面，也超越了语文教师的职业视角，这就使语文教师在培养学生的过程中形成了个人特有的"教学盲点"。在学校，我是教教育学这门课程的教师，每次与学生联欢时，都会发现原本在课堂上沉默不语的人，在这些活动中却是那么谈笑自如，让人难以置信。

教师的"教学盲点"不仅由知识有限所致，个人的职业视角也是造成"教学盲点"的重要原因。从岗位责任制来看，学科教师只对学生的学科知识负责任。事实上，对学科教师的考核，也只是依据学生的学科成绩。对语文教师来说，只有学生语文成绩的好坏对他的声誉与收益有影响，至于学生数学成绩与化学成绩的好坏，与语文教师的业绩考核基本上是无关的。在这种责任体制以及评价机制下，教师不但不会关注自己的"教学盲点"，反而受到岗位责任制的引导，视"教学盲点"为应然与正常的现象。假设一个班数学成绩特别好，而语文与英语成绩特别差，这种情况对学生综合发展是极其不利的，却是数学教师个人教学业绩最大的成功。因此，在没有一个好的制度引领的情况下，班级总成绩越差，很可能会变成教师个体越成功的证据。

二、学校管理对教学盲点的认可与消解

在常人看来，大象像一棵树是一个天大的笑话。可是，在触摸到大象腿的瞎子心目中，大象就是一棵树，如果有人说大象像一把扇子，在他看来，那才是天大的笑话。由此可见，特定个体限于个人视角的宽度与知识的广度，难免会形成一些视野上的盲点、知识上的盲点与思想上的盲点。问题并不在于如何消除个人的这些盲点，而在于如何认识与面对这些盲点。如果要求一个人去消除他的所有盲点，简直就是妄想。没有一个人的身体构造、智慧与时间足以让他消除所有盲点，成为一个全知全能的人。正是基于这样的认识，我们认为对待盲点的态度，胜过如何消除盲点的想法。

当一个瞎子摸大象时，会对大象形成一种非常怪异的认识。然而，如果有一个信息处理系统把不同瞎子关于大象的不同认识汇总起来，这样瞎子们对大象就会有正确的认识，这种认识甚至会比我们单个正常人的认识更到位。即使是健康的人，对大象的认识，仅仅靠个人的观察，也难以形成正确的整体印象。要么由于身高的差异，更加关注大象的腿或者背；要么由于视角的差异，更加关注大象的鼻子或者尾巴。要对大象有一个完整的认识，需要汇总多个人对大象的认识，来建构一个真实的全景。对于学生的认识，比认识一头大象要困难得多，不但需要我们认识学生的表象，还需要我们认识学生的心灵世界。而不管是学生的表象还是心灵世界，都

远比大象复杂，这就加大了认识学生的难度。

　　不管是从知识的角度，还是从岗位责任的角度，学科教师都只能，也只可能认识学生的学科知识结构与素养。然而，我们培养的不可能是"四分五裂"的人，他的知识结构不可能是学科知识的简单叠加，他的素养也不可能是学科素养的总和。为此，我们需要一个教学管理系统，将不同学科教师对学生的学科知识结构的认识汇总起来，并在科学的教育知识与逻辑的引导下，去描绘一个真实的学生和学生完整的知识结构；然后将学生真实的知识结构反馈给学科教师，让他们能够从学生整体的角度，去引导与优化学生的学科知识结构，这才是学校教学管理的核心工作。事实上，既然认可学科教师存在教学盲点，为了培养完整的学生个体，我们就必须消除学科教师的教学盲点。这就要通过教学管理工作，将不同学科教师的教学点联结起来，通过彼此的"补位"消除学生培养过程中的教学盲点。

　　今天的教学管理工作是不是能够胜任这样的任务呢？我认为，它不但无法胜任这样的任务，甚至还没有把它当作自己的工作。今天的教学管理工作往往着眼于对教师学科教学工作的监督。可是，学科较多使得教学管理人员难以跨学科进行监督。于是，就形成了"外行领导内行"的情况，也形成了用统一、僵化的教学规范管制学科教学的情况。而真正需要教学管理去汇总学科教师的教学信息，协调学科教师间的教学专长，以此形成学生的整体知识结构，并将其反馈给学科教师的工作，反而被大家忽略或者遗忘了。

三、走向学科整合的路径选择

　　要培养一个完整的人，前提是教育他的所有学科教师都协作起来。只有学科教师协作起来，学科教学才可能得到整合，才有可能让学生获得一个有机的、完整的知识结构。否则，我们培养出来的学生，就有可能是像扇子一样的大象，或者像柱子一样的大象。然而，学科教师都有自己独有的知识结构、价值判断与利益选择，要让学科教师们协作起来的确不是一件容易的事，这成为学校管理工作的核心任务。

要让学科教师们协作起来，首先得追问他们为什么要协作起来。换句话说，他们通过协作，能够为自己带来什么？从理论上来看，协作是一个褒义词。可是，在教学实践过程中，要让学科教师协作起来，就意味着学科教师间要相互牵制，这是对教师教学自主权与个人自由的限制，并不是一件令人喜欢的事情。所以，要让学科教师协作起来，就必须让教师自己意识到并发现协作的价值。为了让学科教师组成一个真正的协作团队，我们为学科教师提供三种不同层次的合作机会：利益共同体、职业共同体与专业共同体。

利益共同体，就是让每位学科教师的个人收益不仅与个人的教学成绩相关，还与他人的教学业绩联系起来。比如，如果语文教师的教学奖金不仅仅与他所教班级的语文考试成绩相关，还与所教班级学生的总体成绩相关，那么语文教师与数学教师、化学教师等就形成了一个利益共同体。只有他人的教学业绩与学科教师的个人收益有直接关系时，学科教师才会主动关心他人的教学情况，并尽量将自己的教学情况与他人的教学情况有机地结合起来，通过培养更为完整与完善的学生来提高自己的利益，同时提高彼此共同的利益。

职业共同体，意味着学科教师要完成自己的教学任务，就必须借助于他人的教学工作。如果我们将学科教师的教学任务定位为完成学科知识的传授，那么，学科教师教学任务的完成是不需要借助他人的教学工作的。如果我们将学科教师的教学任务定位为培养综合性人才，那么，学科教师要完成这项任务，就必须与教学管理人员以及其他科任教师共同研讨，在教学行动过程中合作。当学科教师在教育教学过程中必须合作时，学科教师就组成了一个真正的职业共同体。比如，如果我们要求备课组内的教师每人在暑假里都草备一部分内容，到开学后大家共享彼此的备课内容，然后由教师对这些草备的资料进行个性化与课堂化处理，这样的备课组就成为真正的职业共同体，因为每个人任务的完成都要以他人任务的完成为前提。

专业共同体，也可以称为文化共同体。在这个共同体中，学科教师并不是为了获得更多的奖金而协作，也不是为了完成共同的、具体的教学任务而走到一起，而是为了完成共同的专业使命协作起来。在专业共同体中，虽然学科教师在教学工作上有着明显的分工，但各自的分工都是共同使命的一个部分，都是为着一个共同的理想。专业共同体是一个具有最高境界的协作体，我们不可能直接去打造专业共同体，它必须以利益共同体为起步，以职业共同体为过程，只有学科教师对共同利益与职业职责达成共识，才可能真正自觉地协作起来。这样，培养完整的人的计划才有可能真正得到落实。

11. 学生为什么要读书

　　记得在入小学前，看着哥哥姐姐都去上学了，自己也嚷着要去读书，并因此而在学校中度过了 22 年的学生生涯。这 22 年是辛苦的，也有过或大或小的挫折，但整体上觉得读书是幸福的。直到今天，读书已经成为我每天的必修课，已经成为生活中一个不可缺少的部分。如果哪一天没有读书，就会觉得缺少了什么，就会觉得这是对生活的愧疚。可是，今天我们却面临着这样的情况——越来越多的学生尽管每天都来到学校，可对读书的厌倦却"溢于言表"；教师对学生不读书的抱怨也越来越多。

　　将自己的感觉与今天学生的感受进行对比，就产生出一个问题：今天学生不读书，究竟是学生离教育越来越远的结果，还是教育离学生越来越远的结果？如果学生不读书是因为学生离教育越来越远，为了弥补学生与教育间的裂痕，教师就应该主动地走近学生；如果学生不读书是因为教育离学生越来越远，那么教师就应该反省。而教师反省最好的方法，就是追问"学生为什么要读书"，因为对这个问题的不同回答，代表着教师不同的教学理念。

　　学生为什么要读书？学生的天职就是读书，不读书的人就不是学生。如果我们持这种观点，将学生读书视为天赋的义务，视为一种绝对职责，那么，我们就不必对学生的学习动机进行研究，既然这种义务是天赋的与绝对的，那么学生就必须无条件地坚持与执行。学生不读书，就意味着他没有尽到自己的义务，我们就有理由对他进行惩罚。如果读书是学生的义务，教师就不必为学生不读书而承担责任，也不必为如何吸引学生读书而费尽心机。在我国，这种教育思想有着漫长的历史，比如在古代私塾中，只要学生没有完成教师布置的学习任务，没有达到教师理想中的学习效果，就必须接受教师的惩罚，不论教师教授的内容对学生是否有用，是否有吸引力，也不论教师的教学方法是否适合学生，是否为学生所喜欢与接受。在今天的课堂教学中，这种教育思想也有不小的市场。人们认为，不管教师在课堂上教授什么样的内容，只要是教材上规定的，或者考试要考的，学生就有义务去记忆或者理解，而不论这样的内容对学生是否有意义或者学生对这样的内容是否有兴趣；不管教师在课堂上如何传授内容，只要教师讲过了，学生就有义务去记忆或者理解，而不论教师的讲解是否到位，是否适合学生的学习过程，是否对学生有足够的吸引力。

学生为什么要读书？这是为了学生能够考上更好的大学，能够找到更好的工作，将来能够挣到更多的钞票做准备。正因为读书能够为学生带来巨大的利益，能够让学生拥有美好的未来，所以当下的学习就成为一种为了日后的美好前程的功利性行为，成为一种投资。因此，不管目前的学习是一件多么痛苦的事情，学生都必须接受这样的学习，因为这样的学习可以为不久的将来或者长久的未来带来足够多的回报。持这种思想的教师将学习的收益与学习过程相分离，将学习的收益寄托在学习之外，将学习的收益搁置在学习结束之后，将学习的痛苦融入学习过程之中，将学习的义务融入学习过程之中。与第一种教学思想一样，教师不再承担激发学生学习动机的责任。两者的区别，仅在于前者认为学生天生就有学习的义务，所以没有必要去激发学生的学习动机；后者认为学生的学习收益在学习之外，所以在学习过程中无法激发学生的学习动机。因此，与其说学生学习是为了美好的明天，还不如说学生如果想拥有美好的明天，今天就必须把学习当作一种义务，必须主动地忍受学习带来的痛苦。一旦教师持有如此看法，他就会像持有第一种教学思想的人一样，认为不管教师上课教什么内容，也不管采用何种方式与途径来传授内容，学生都得接受教育，而不论这些讲课内容与讲课形式是否适合学生，是否吸引学生。

学生为什么要读书？这是因为读书本身能够带给学生乐趣与幸福。古人云："书中自有黄金屋，书中自有颜如玉。"后人往往曲解这句话的意思，将它理解成"读了书就可以拥有黄金屋，读了书就可以拥有颜如玉"。而古人真正的意思，是说读书的感觉，就像拥有黄金屋，就像拥有颜如玉一样幸福。也就是说，读书本身的乐趣，足以吸引学生去读书与学习。然而，如果教师们接受这样的观点，就得加重自己的教学任务：必须将自己教授的内容，演绎成能够吸引学生学习的内容；必须将自己的教授方法与策略，演绎成让学生喜欢并主动投入、让学生获得自我满足感与成就感的过程。所以，要接受这样的观点，不但需要勇气，更需要实力；不但需要责任感，还需要使命感。目前，为了将书本上的知识传授给学生，教师们往往关注对知识本身的讲解，而对于如何将知识融入学生的生活与兴趣之中、将知识传授的方法与途径融入学生的自我成长之中，还没有给予应有的考虑。读书真的会幸福吗？会的，但这需要足够的教育智慧来实现。读书真的会幸福吗？不会，如果没有教育智慧，读书的过程就是被动吸收的过程，就是一个不消化而且还要不断进食的过程。

学生为什么要读书？因为读书的过程，就是学生自我实现的过程，自我实现是人最高层级的需要，也是最有价值的需要，所以学生不但要读书，而且要乐于读书。读书不是为了偿还学生的"原罪"，不是为了履行作为学生的义务，不是为了获得未来的收益，不是为了让自己有满足感，而是为了体现自己的人生价值。如果让学生拥有这样的思想，教育就将不再是问题，而是一个人人争先恐后而为之的幸福之事。然而，如果教师接受这样的思想，就意味着教师能够把教书当作实现个人价值的事情，这不仅仅需要教师更好地处理教学内容，让教学内容吸引学生，不仅仅需要教师选择更为优化的教学方法与教学策略，让教学方法与教学策略适合学生的学习，还需要教师以身作则，通过自己的学习与工作过程感染学生、影响学生。这不仅仅是教师教学理念的改变，也不仅仅是教师工作方法的改变，还是教师自身"学习观"与"教学观"的改变，这不但需要教师有勇气、有能力，更需要教师脚踏实地地去行动。

对学生为什么要读书的不同回答，代表着教师对待学生学习的态度，更代表着教师个性化的教学理念，决定着教师愿意承担教育责任的范围。如果把读书当作学生的"原罪"或者天生的义务，那么教师天生就拥有对学生的权威与惩罚的权利，就成为知识的化身，成为学生必须接受的对象。如果读书是为了学生美好的未来，为了满足学生外在于学习过程的需要，那么学生读书就成为实现个人利益的手段，只要读书的痛苦小过未来的收益，学生就有义务读书。教师无法控制学习之外的收益，就等同于教师既没有能力，也没有必要去激发学生的学习动机。如果读书是为了获得读书过程中的幸福感，那么教师就有义务去改造教学内容，去优化教学方法与策略，让读书的过程变得有乐趣，这对教师是一种思想上的挑战，一种教学能力的挑战。如果读书是为了实现个人价值，这是对教育过程最有利的答案，但要真正实现这个理想，教师不但要改造教学内容、优化教学方法与策略，还要成为一位把读书当作实现个人价值的途径的人，这不但需要改造自己的学习思想，还需要在学习行为与学习习惯上成为学生的典范。

只是创新教育理念，是非常容易的。要学习与理解新的教育理念，只需要有相应的逻辑能力与认知能力就可以了。可要实践新的教育理念，不但需要转变与优化旧有的教育理念，不仅需要足够的勇气与能力，最为核心的是，要有化理念为实践的责任意识，要有改造教育实践的历史意识。因此，对"学生为什么要读书"的追问，可以表露出教师所持有的"学习观"，还可以借机审视教师的"教学观"，以便回答"学生越来越不愿意读书，究竟是因为学生离教育越来越远，还是因为教育离学生越来越远"这一问题。

12. 开放教学：动态生成的课堂何以可能

　　教育是心灵与心灵的对话，这似乎已经成为解释教育意义的经典语录；课堂的动态生成，也几乎成为健康课堂的典型特征。可是，作为课堂教学中唯一的教师，如何才能与几十位学生展开对话呢？如果师生间没有心灵与心灵的对话，课堂又如何动态生成呢？在大班教学中，教师并不是与具体的学生对话，而是与虚拟、抽象的"学生模型"进行交流与对话。在日常教学中，无论是备课还是上课，教师都是以班级学生的平均水平为起点，以教学大纲规定的教学目标为终点，以教材中知识组织的层级为教学进度，因此，要让教师与学生进行心灵对话，其可能性实在是太低了。随着国家对教育质量的关心，随着就学人口数量的降低，小班教学正在逐步取代大班教学，这为教师与学生的心灵对话提供了可能。可是，有了这种可能，教师就能与学生进行真正的心灵对话了吗？教师要做到与学生"心灵与心灵的对话"，还需要什么样的准备与策略呢？

一、学生对教师的开放：教师走进学生的学习

　　教师与演员最大的区别，就在于演员的目的是让观众欣赏自己，而教师的目的是帮助学生学会学习。因此，演员的职责就是不断提高自己的"作秀"水平，也就是演技；而教师的职责，并不是坚持不懈地提高自己的教

学技巧，而是更好、更有效率地去帮助学生学会学习。要帮助学生学会学习，"认识学生"与"认识学习"就成为教师需要完成的首要任务。

认识学生，尤其是要走进学生的学习，不但需要教师有足够的爱心，还需要教师有足够的理性，因为认识一个人比读懂一本书困难得多。曾经听一位幼儿园的美术教师讲过这样一个故事：在她浏览学生图画课的作业时，发现有一位学生的作业只是把整张纸涂成了一种颜色。当时她非常生气，觉得这位学生纯粹是在偷懒，这种画可能是世界上最简单也最让教师觉得难看的画了。片刻之后，她意识到自己不应该和一个四五岁的孩子生气，从教育孩子的角度出发，了解他为什么要这样画远比训斥他更为有效。于是，她将学生"请"到办公室，和蔼地问他这幅画的"创作"动机是什么。这位学生得意地解释道："老师，我原本想画我家的房子，可是当我拿纸准备画时，发现房子太大而纸太小；当我把纸与房子比较时，发现纸的大小刚好与所画墙壁的一部分一样大，于是我就用这张纸把它画下来了。"听到此话，美术教师突然醒悟过来，原来，这幅画虽然不是最美的，但却是最真实的，不但颜色与他家的墙壁一样，连大小也和他画下的那部分墙壁一样。原来，在教师看来，这幅画是最简单也是最难看的，但在孩子眼中它却是最真实与最美丽的画。

在走进学生学习的进程中，以下三条路径有助于我们实现目的。

其一，真诚并真实地了解学生的生活与学习状态。之所以首先提真诚，是因为教师必须以帮助学生的心态去了解他，以爱学生的目的去走近他，而不能以批评或者苛责的目的去"打探"他。之所以要提真实，是因为教师一定要了解学生的真实状态，还必须承认与接受学生生活与学习的实际情况。对于任何一所学校来说，不管学生的生活有多么艰辛，学生的学习基础有多么薄弱，学生的智力有多么不发达，从他们到学校注册入学开始，他们就是这所学校的学生。这就意味着这所学校的教师，就是教他们的教师。所以，我们既要了解学生的真实情况，还要认可并接受学生的真实情况。只有建立在学生真实情况的基础之上，教学才有真实的生命力。

其二，通过体味"自己的学生时代"去感受学生的生活与学习。从走上教师岗位开始，我们对待教育的视角就发生了转变，我们不再抱怨教师课堂教学的乏味，而是抱怨学生对学习不够热忱；我们不再抱怨教师教学内容的无趣，而是抱怨学生对学习内容的功利。因此，要真正认识学生的生活与学习，我们还需要回到自己的学生时代，从学生的立场出发去认识教学过程与教学内容。毕竟，教学的目的是帮助学生学习，而不是教学自身的完善或者"作秀"。也只有回味自己的学生时代，我们才可能真正理解并接受学生的生活态度与学习动机。

其三，通过反思自己今天的"学习过程"去体会学习的本真意义。随着教龄的增加，教师离"学习"越来越远。教学的本质是为了帮助学生学习，可我们却离"学习"越来越远，这是教师职业的悖论。因此，教师需要保持学习心态，并切身地投入学习过程之中。教师的学习，不仅仅是为了提高教学能力与生活品位，还可以获取与更新"学习"的本真意义。学科教师之所以选择做这个学科的教师，往往是因为他对这个学科比较喜欢，或者在这个学科上取得过比较优秀的成绩。这样的经历，让学科教师难以体会到学生在学习这个学科时的痛苦。然而，如果教师保持学习的心态，学习让自己头痛的哲学或者数学，那么对学习困难就会有切身的体会。将这种体会迁移到学生身上，就完全可以理解学生学习困难的感受了。而接受学生，尤其是学生在学习过程中的困惑与困难，才是有效教学的起点。

二、教师对学生的开放：学生走进教师的教学

如果课堂教学中没有学生，不管这堂课设计得多么完美，不管讲授这堂课的教师多么优秀，这堂课的价值都将不复存在。要让课堂教学发挥真正的教育价值，不但要让学生的身体走进课堂，还必须让学生的心灵走进课堂。在今天的教育实践中，我们很容易做到前者；而对于后者，实在是失望大于希望。要让学生走进教师的教学，既需要教师有开放的心态，还

需要教师为学生提供足够的吸引力，提供足够的机会。

曾经遇见过一位从英国留学回来的初中英语教师，由于她接受的教学都是英式的，所以当她给学生开展中式教育时，她被学生们无声地抵制着。于是，她沿用英式的教学风格，与学生联合起来备课，甚至直接由学生备课，她只是指导与帮助学生。在课堂上，要么她成为学生备课的道具，要么直接由学生备课和上课。两年多后，她在课堂上又一次遭到学生的"抵制"，但这一次的"抵制"却让她感受到了成就感与幸福感，因为课堂中似乎已经不再需要她的存在了。把课堂教学的主动权还给学生以后，她更轻松了，学生学习也更有积极性了，更为重要的是，学生更喜欢她了。因此，让学生走进教师的教学，既是搞好教学的前提，也是搞好教学的必要条件。

要让学生走进教师的教学，教师就得有开放的心态，这包括平等的师生关系与"课堂分享"的思想。教师要有一种与学生保持平等关系的心态，能主动与学生就自己的教学内容与教学过程进行交流。与学生个体相比，教师在知识储备与学习方法上都具有优势。可是，如果将教师与学生群体相比，教师个体具备的优势就不再明显，甚至他并不占优势。有了这样的理解，教师就容易让自己与学生保持平等的地位了。此外，教师还要有与学生分享课堂教学的心态。课堂教学并不是教师个人的艺术品，而是教师与学生共同经营与合作的结果。因此，如果任何一方，不管是教师还是学生独占课堂，课堂都不可能成为一个健康与和谐的课堂。

要让学生走进教师的教学，教师就必须让"参与教学过程"对学生有足够的吸引力。在传统的思想中，教学过程是教师主导的，如果学生有机会参与教学过程，这本身就是一种荣誉。但是，这种表面的荣誉很难对学生形成长久的吸引力。要让学生参与教学过程，就必须将教学设计任务交给他们，更为核心的是，不能只把学生的教学设计成果当作业看待，而要尽可能将之真实地用于课堂教学之中，这是对他们的劳动成果最好的尊重。只有在这种情况下，学生才会乐于参与课堂教学，而且着力于不断提高自己参与教学过程的能力。

要让学生走进教师的教学，还必须给予学生参与教学过程的机会。教学过程大致包括三个环节：备课、上课与改作业。在备课环节，目前普遍要求学生课前预习，但由于不知道教师将要怎么上课，所以学生并不知道如何预习才有效。在上课环节，教师既急于将教材上规定的任务完成，又急于将自己备课的内容讲完，所以，学生就只好当观众。在改作业的环节，教师只是偶尔请学生帮忙。在目前的教学过程中，学生更多的是教学过程的旁观者，而不是参与者。要让学生走进教师的教学，教师可以请学生参与备课，至少可以请他们为课堂教学设计提出自己的建议，为教师备课准备相应的案例与素材等。在课堂上，教师要将学生置于课堂教学的中心，而不是让他们成为教材上的知识或者自己备课内容的被动接受者，因为学生在课堂上的表现与疑惑往往是最好的课堂教学资源。至于改作业，可以通过学生自评、同学互相订正与教师最后核对来进行，这样既可以增加学生的作业责任感，还可以降低教师的教学工作量。

三、教师与学生的对话：动态生成的课堂

追求课堂的动态生成，是因为不管是教师还是学生，都不愿意在课堂教学中受到另外一方的"预设"。从"教学相长"的目标来看，一个有效的课堂是不应该让任何一方因被对方"预设"而成为课堂教学中的被动参与者或者旁观者的。然而，动态生成课堂并不是一件容易的事，它需要教师与学生间的充分理解，需要课堂教学过程中师生间的充分互动，更需要教师与学生对课堂教学目的近乎一致的态度。

教师与学生间的充分理解，是课堂教学得以动态生成的前提。如果教师并不理解学生，那么，教师心目中的学生就只是一个抽象体，他们总是认为学生应该怎么样，但对学生实际怎么样并不清楚。于是，教师在课堂教学过程中只好以"抽象体"为目标来预设。与教师预设中的"抽象体"越接近的学生，在课堂教学中就越容易适应；与之越远的学生，在课堂教

学中适应起来就越困难。如果学生并不理解教师，那么，学生就只能以观望者的态度参与课堂。学生总是先熟悉教师的教学风格，然后才进入教学内容的学习。但教师往往不会也没有机会在课堂教学中给予学生熟悉自己的时间，于是学生的学习总是滞后于教师的教学。因此，师生间的理解越是到位，师生相互适应的时间越短，直接进入课堂教学内容就越有可能。

教师与学生间的课堂互动，是课堂教学得以动态生成的形式要件。其实，我们理解的动态生成，完全可以理解成互动生成，因为没有教师与学生间的互动，就不可能出现动态生成的课堂。不管是以教学为主导的课堂，还是以学习为主导的课堂，真正主宰课堂的都是教师或者学生的思想，作为另外一方的学生或者教师只是课堂中的被动参与者。在这种情况下，课堂是在单方预设中行进的，不可能因为另外一方的意见而得到改变。当然，教师与学生间的课堂互动，并不是简单的"你问我答式"的形式互动，而是教师与学生在教学内容上的"思想互动"或者"深层互动"。知识并不是像货物一样被堆砌在学生的大脑中，而必须镶嵌在学生已有的知识结构中。因此，不管是学生还是教师，每个人对特定教学内容的理解都是以自己已有的知识为基础的，把教学内容镶嵌进自己的知识结构之后，特定的教学内容就转化为不同的理解与意识。所以，课堂教学并不是让学生接受教师传授的教学内容，而是让学生学会将这些教学内容镶嵌到自己的知识结构中。但镶嵌的过程是需要相互沟通与学习的，也是需要教师进行指导与帮助的，教师的功能就是这样而已。

教师与学生对课堂教学目标有着近乎一致的态度，是课堂得以动态生成的实质要件。课堂究竟要完成什么任务，究竟要达到什么样的目标，需要教师与学生有一个大致相同的认识。如果教师的课堂教学目标是将这篇课文讲完，那么，教师就会按照自己对课堂教学的预设来展开课堂教学，学生就会因此成为课堂教学的被动参与者，成为教师实现课堂教学目标的"工具"。如果学生的课堂教学目标是想放松自己，那么，他就会按照自己的想法来"捣乱"课堂，于是教师就成为课堂教学的被动参与者，成为学生达到"放松自己"或者"捣乱课堂"目标的"工具"。因此，要让教师与学生共同参与和投入课堂，就必须让他们对课堂教学目标有一个近乎一致的态度。教师与学生近乎一致的课堂教学目标，不可能是功利的、外在的目标，而必须是以追求对教学内容的理解或者享受学习过程的内在乐趣为目标。因为任何功利与外在的目标，都是以自我为导向的。只有教师与学生共同享受教学内容或者教学互动过程中的乐趣，这时的目标才是共同的，才是可以分享的。

第五辑　成绩与成长

1. 讨伐月考

上高中的时候，有一年学校举行运动会，有一位与我关系较为亲密的同学准备参加五千米长跑。为了能够取得优异的成绩，在运动会召开前的一个月里，他每天下午都去操场上练习跑步。结果，在运动会召开前两天，由于过于劳累，再加上对此次运动会拿奖的期望太高导致的紧张，他最终放弃了。现在回想起来，觉得这件事情本身已经不再重要，但联想到今天学校里开展得如火如荼的月考，这件事表现出来的道理却值得我们深思。正是因为有了中考与高考，也正是为了在中考与高考中取得好的成绩，各所学校都热衷于通过月考来锻炼学生，以培养学生的应考能力与应考习惯。可是，这样的方法对于提高中考与高考成绩真的有效吗？这种简单重复与模仿的训练方法对于学生知识的掌握与能力的提升真的有用吗？

既然中考与高考是评价学生的主要标准，学生学习的主要任务就应该是在中考与高考中考出好的成绩。只要中考与高考存在一天，学生在中考与高考中考出好成绩的任务就应该保存一天。对于这一认识，笔者不但认可，而且觉得这符合教育实践的需要。然而，对于如何让学生在中考与高考中考出好的成绩，却有两种根本不同的方法：应试教育与素质教育。前者通过知识的传授与技能的训练来达到目的，后者通过学习能力的提高来达到目的。因此，区分应试教育与素质教育，并不是以学校是否重视中考与高考为标准，而是以帮助学生通过中考与高考的方式方法为标准。

不管是中考还是高考，对绝大多数学生来说，一生就只有一次，而且这一次对学生一生的命运有着决定性的意义，所以学生必须花足够的时间与精力去应对这两次考试。可是，"年幼无知"的中学生对于对命运有着决定性意义的中考与高考，似乎没有足够的毅力与智慧去准备与应对：对中考与高考的重要性往往认识不够，对远在一年到三年之后的中考与高考往往没有足够的紧迫感，对具有极大挑战性的中考与高考往往没有足够的智慧去筹划。为了帮助学生在中考与高考中取得好成绩，让他们在这些关键的人生选择上不至于出现错误，学校采取中考与高考日常化的方式，在学期中的每个月里，都组织一次类似于中考与高考的考试，让学生时刻保持"应试"的备战状态，通过激发学生的斗志来调动学生的学习积极性。这就是月考诞生的背景，也是月考所意欲完成的教育任务。

　　自 2000 年以来，月考在中学教育中如星星之火燎原。今天的月考，不但取代了"单元考"的传统地位，而且成为评价教师教学业绩的标准。月考为什么会得到如此迅猛的发展，并得到广大中学的欢迎与采纳呢？其一，月考通过对中考与高考的模拟，的确可以激发学生的学习紧迫感，达到在短时间内提高学习效率的目的。其二，通过对月考的推行，学校对教师的教育教学工作有了更为清晰的监控，将以前半个学期一次的"检阅"缩短到了每个月一次，这有利于激发教师的教学紧迫感，有利于教师在短时间内提高教学效率。其三，相比单元考，月考属于学科综合考，这有利于班主任和学科教师对学生近期的学科综合发展情况有所了解，从而为学生全面发展提供可靠的信息。其四，通过大量对中考与高考的模拟考试，可以让学生熟悉中考与高考的氛围与规矩，积累考试经验，这有利于提高学生在中考与高考中的应对能力，从而获得更好的中考与高考成绩。这些就是月考得以生存的逻辑。

　　在日常生活中，我们常说"天下没有免费的午餐"，它的意思是，任何有益的事情，都是需要付出与之相应的成本与代价的。它对于月考也是适用的。既然月考能够为我们带来如此多的益处，其实施需要我们付出什么样的代价呢？更为深层的问题是月考给我们带来的这些益处，又是否的确有利于学生的长远发展呢？不用将长远发展作为目标，就以通过中考与高考为目标，那么，月考带来的益处又是否真的有效呢？

其实，月考有一定的弊端，其最大的弊端，就是让学生学习的目的发生了转变，原本以追求学习过程内在幸福为目的的学习，现在转变为以追求考试成绩为目的的学习。当学生在学习过程中可以享受到学习的内在幸福时，学习过程是主动的，是靠学习动力来推进的；当学生为了获得考试成绩而学习时，学习过程是被动的，是靠学习压力来推进的。因此，教师不但有教学的任务，还有监督与推动学生被动学习的任务。月考是年级的统一考试，由于存在排名的压力，学生的确会因此而兴奋，因此而努力读书。可是，月考多了之后，排名已经基本稳定以后，学生就将从兴奋走向冷漠；当学生的成绩每次都稳居后位的时候，他们不但没有因为考试而获得自信，反而对读书丧失了信心。

月考的出现，还打乱了学校正常的教学计划。课程大纲与教材的编写，要么以学生的学习心理为序，要么以教学内容的内在逻辑为序，可月考的安排既与学生的学习心理无关，也与教学内容的内在逻辑无关，只与时间有关。于是，月考就成为教学计划中的"撞入者"，不但破坏了正常的教学计划与安排，而且使学生必须同时应付两套学习计划：一是正常的教材学习计划，一是每月安排一次的月考应考计划，而且两者没有必然的联系。这看起来让学生有了更多的学习渠道与方式，可事实上却使学生丧失了学习时间的规模效应，打乱了学生的学习计划，从而大大地降低了学生的学习效率。

还有一个无法忽略的问题，就是月考增强了学科教师间的竞争，降低了学科教师间开展合作教学的程度。表面上，学生每月考试一次，是为了测试学生这个月的学习效果；可在我们无法对教学过程本身进行绩效评估之前，学生的考试成绩就是教师教学业绩的替代品。所以，随着月考次数的增加，学生对月考成绩反而不怎么在乎了，月考成了教师竞争的战场。这就不难理解为什么今天的教师更习惯于将各种考试说成是考评教师而不是考查学生了。原本要半学期甚至半年才竞争一次，可有了月考后，教师们每个月都要竞争一次，这样的竞争会摧毁备课组与教研组提倡的合作精神。当教师把学生的考试成绩看得非常重时，学生就会发现考试成绩对教师很重要，因此就放弃对考试成绩的责任心。

即使我们付出了这些代价，月考就真的能够带给我们预想中的收益吗？当前对月考的期望，主要有三点：增加教师与学生的压力，激发他们教与学的紧迫感；了解学生的学科综合成绩，诊断并优化学生的学科学习过程；培养学生的应考能力，为高考与中考积累实战经验。紧迫感的确有利于提高人在短期内的勤奋程度与敏感程度，可是，人如果长期处于紧迫感之下，势必就会讨厌并想方设法逃离这种状态。自学生入学开始，到学生中考甚至高考结束为止，学生每个月都将面临月考的"折磨"。在这种紧迫感之下，还有多少学生会喜欢读书，还有多少学生会喜欢接受这种教育？通过月考可以对学生的学科综合成绩有一个全面了解，从而诊断并优化学生的学科学习过程，这的确是一个不错的理想。可是，每次月考成绩出来后，班主任或者年级组长是否能够做到这一点呢？在教师的收益只与学科成绩有关的背景下，谁还会去诊断与优化学科的学习过程呢？尽管这是非常必要的，也是非常重要的。至于通过月考提高学生的应试能力，对此笔者很不乐观，因为月考多了，不但容易让学生对考试感到厌倦，甚至让学生在中考与高考的关键时刻，因为期望过高或者心理压力过大而临阵脱逃。

对于月考，说了这么多不好，可以将之总结为一句话——月考才是真正的应试之道。这也算是对它的讨伐，但这种讨伐并没有任何恶意。之所以要讨伐月考，只是想恢复一套完整的教学计划，不再让我们的孩子在两套教学计划中为难；更不希望我们的孩子将学习的目的寄托在考试成绩，而不是学习的内在兴趣上；也不希望我们的孩子因为有了外在的考试压力才读书，而是希望他们因为有了学习的内在动力而读书。

2. 论"学习质量 × 生活质量 = 教育质量"

每个人都想过幸福的生活，这是一个非常现实的追求；但究竟什么是幸福，却是一个非常抽象的问题。当我们不知道幸福生活究竟是什么时，就只能永远行走在追求幸福生活的路上，却始终享受不到幸福生活，至少始终感受不到幸福生活，哪怕我们本身就在幸福生活的怀抱之中。与之相应，提高教育质量是每所学校的追求，也是每位教师所向往的，可静下心来想一想，究竟什么是教育质量呢？如果我们连教育质量是什么都不知道，对于如何提高教育质量就会束手无策。当我们不知道什么是教育质量时，提高教育质量就会成为一句空话，一句让我们永远追求却永无止境的空话。于是，提高教育质量就成为一种道德上的义务，而不是一项科学化的追求。

一、"缺胳膊少腿"的教育质量观

当了十几年的班主任，并没有让张老师对教育有更清晰的认识，反倒让张老师越来越困惑。张老师刚从教的时候，学习条件比现在差多了，但学生普遍比现在的学生有幸福感，比现在的学生会玩，也比现在的学生会学。现在的学生成绩差的不幸福，成绩好的也不幸福；他们玩起来觉得不过瘾，学起来觉得不自如，反正就是整天觉得不幸福。班上成绩最差的学生张阳（化名），一天到晚既没有玩的时间，也没有学习的兴趣，他觉得不幸福很正常；可班上成绩非常好的学生李婷（化名），每次考试总在前三名，居然也觉得不开心，还屡屡向父母要求休学一年，说是心理压力太大，想放松一下。成绩处于班里前三名的学生还想休学，学校教育究竟怎么了？当学校不断要求教师提高教育质量时，这种现象就越发严重。在教育质量的重负下，教师的教学情趣少了，对他们教学的要求却高了，可学生的成绩并不见有明显上涨，而且其厌学情绪还蔓延得很快。

仔细回味我们自己接受的基础教育，的确觉得那时候的学生比现在的学生幸福，而且这种幸福不是用生均教育经费可以衡量的，也不是用办学条件的好坏可以比较的。那时候没有月考，只有每学期的期末考试会让我们感到紧张；平时虽有教师自己组织的单元考试，但学生都知道这样的考试成绩并不重要，重要的是对单元知识掌握程度的检测，教师对单元考试成绩也不是很在乎。虽然考试少，但并不意味着学生就不喜欢学习；正因为考试少，学生才更明白学习并不是为了考试，也不是为了教师，而是为了自己。那时学校流行一句话——"学好数理化，走遍天下都不怕"，还流行一句更响亮的口号——"知识就是生产力"。虽然那时候读书也是为了考大学，而且考上大学的概率很低，但学生似乎没有现在这么短视与功利，反而更主动，也正因为更主动，所以学起来才更幸福，更有成就感。

那时的学生和现在的学生，最大的区别还不在学科学习上，以前的校园生活和师生关系明显比现在好。以前学校没有多少经费，所以不常见到学校组织活动，倒是学生自发组织的活动比较多，大家私下聊天的时间比较多，而且彼此常常帮着解决学习中的困难和生活中的困惑。由于较少成绩的压力和相互责备（教师怪学生太笨，学生怪教师教得太差），不管是优生还是差生，和教师都有比较好的感情，优生在课堂上是教师的左右手，差生哪怕听不懂课，碍于和教师的感情，也不会在课堂上捣乱太甚。总之，那时候学校并没有把教育质量贴在墙上，教师也没有把教育质量挂在嘴上，可能大家学到的知识没有现在多，但学习兴趣保持下来了，学习能力也有进步，关键是大家觉得学校的生活并没有白过，不知道这些算不算教育质量的一部分。

考试成绩是教育质量吗？教育质量包括考试成绩，但应该不只是包括考试成绩。如果学生不能取得优秀的考试成绩，那肯定是一种遗憾，也很难有成就感。但如果把考试成绩看作教育质量的全部，就会让教育质量的其他部分受到压制。教育质量的不同组成部分间应该既有竞争的关系，也有合作的关系，但总体还是以合作的关系为主，不然，为什么统称之为教育质量呢？当我们把教育质量简单地理解为考试成绩时，教育质量中其他要素的条件和资源就都转移到学习成绩上来，最集中的表现就是用到学科学习上的时间多了，学校里规范性的考试多了，但学习成绩是不是因此提高了，并没有考证过。可以肯定的是，对学习成绩一味地追求似乎有"孤军深入"的感觉，虽然会取得一时的战绩，但却让学科学习陷入极大的危险之中，一旦学生有机会不学习，他们就会彻底地放弃学习，即使在不能放弃学习的情况下，也会极度地讨厌学习。

二、教育质量究竟包括哪些内容

教师需要好的考试成绩，学生和家长比教师更需要好的考试成绩。因此，问题不在于考试成绩好不好，而在于用什么方法去提高考试成绩。如果为了提高考试成绩而牺牲学生的学习兴趣，为了获得眼前的考试成绩而牺牲考试成绩可持续提升的机会，为了提高考试成绩而牺牲学生当下尤其是在学校中的生活质量，这可能是大家不愿意看到的。可是，在学生的学习过程缺少科学分析的情况下，要让学生的考试成绩有非常规性的提升，牺牲学习兴趣、牺牲可持续提升的机会、牺牲生活质量就是必然的。只有在维持和培育学生的学习兴趣，为学生考试成绩的可持续提升不断创造机会，并通过学习让学生的生活更有意义、让学生的生活更有成就感的基础上获得的考试成绩，才是绿色的考试成绩，对这种考试成绩的追求才是教育质量的集中表现。因此，教育质量不但包括学生在学校中的学习质量，还包括学生在学校中的生活质量，只有在学习质量与生活质量都得到提升的时候，学生的学习成绩才是教育质量的集中表现。

判断学生学习质量的指标，包括学生的学习方法是否科学、学习兴趣是否保持、可持续的学习机会是否存在三个方面。教学的本质并不在于获得好的成绩，在没有教学的情况下，学生通过自己的努力也可以获得好的成绩，因此，教学的本质在于如何为学生获得好的成绩提供更为科学的方法，从而让学生在学习上达到事半功倍的效果。对未知领域的探索是人类的本性，对学习兴趣最重要的不是激发，而是保持，不要让学生有过重的学习负担，包括数量上的过度与难度上的过度。不管是教学进度要求的学习负担，还是教师安排的学习负担，只要超过学生的可接受范围，学生不但会丧失学习兴趣，还会产生严重的挫败感。学生可持续的学习机会，是以往我们容易忽略的地方，也是我们容易误解的地方。长期以来，大家都认为有了好的成绩，就可以考上好的中学或者大学，从而获得有利的、可持续发展的学习机会。可是，这种可持续的学习机会只是外在的机会，很多学生在考上好的中学或者大学后，由于前期的过度学习而缺乏学习兴趣或者学习能力，从而丧失了个人的可持续学习机会。

判断学生生活质量的指标，主要是学生在学校中的人际关系，包括生生关系、师生关系以及学生和学校管理之间的关系。学生之间的关系包括生活上的互助与相互理解的情怀、学习上的互帮互助的想法与做法。学生之间的关系越是紧密，学生对班集体的归属感越是强烈，学生在学校的生活质量也就越高。师生关系的主导权在教师身上，教师越是关心而不是打击学生，越是理解而不是教训学生，学生在学校的生活质量也就越高。学生和学校管理之间的关系，主要是指学校管理者和管理制度为学生提供了多少自主安排的时间和自主活动的空间，此处的自主安排和自主活动包括学习上的自主，也包括生活上的自主，学生的自主安排时间越长，自主活动的空间越大，学生在学校的生活质量也就越高。但需要强调的是，自主安排和自主活动并非放任的自主，而是在学校指导下具有科学意义的自主。

三、教育质量提升的综合之路

提升教育质量总是没有错的，但提升教育质量的方法与途径就难保不会出现错误，尤其是在对教育质量的认识存在偏差的情况下，提升教育质量的方法与途径出现错误的概率就会大大增加。教育质量是一个综合体，用不科学的方法肯定是达不到提高教育质量的目的的；只是单一地提高教育质量的某个方面，而对其他方面不闻不问，甚至因此伤害其他方面，也是很难达到目的的。前者的不是，容易被大家发现，比如让学生死记硬背、对学生进行体罚，等等；后者的不对，就不容易成为大家攻击的对象，反倒可能成为大家学习的对象，比如哪所学校用什么方法延长了学生的学习时间，哪所学校用什么方法让学生执著于学习而不顾及其他生活，哪所学校是如何采用军事化管理模式来治理学生的，等等。其实，当我们只盯着学生学习时间的增多与学习强度的增加时，如果不顾及他们学习的科学性，不照顾他们在学校的生活质量，那么，这样单一化的教育质量提升工程，虽然会获得短期的学习成效，但同时却会牺牲教育在学生身上的长期成效。

要提高教育质量，就要提高学生的学习质量，就要给予学生科学的学习方法、保持学生的学习兴趣并给予学生可持续学习的能力。掌握学科知识很重要，但更重要的是教师为学生提供掌握学科知识的科学方法。教师并不是学科知识的化身，更不是学科知识的代言人，而是带领学生攻克学科知识的人，因此在攻克的方向和方法上需要教师的引领。教师作为学科学习的过来人，深知学科学习的酸甜苦辣，因此，要在学生学科学习的道路上循循善诱，就既要让学生觉得学科学习富有挑战性，也要让学生的学科学习富有成就感。不管是提供方法，还是保持学习兴趣，最终都要指向学生学习能力的增长，只有学习能力增长了，才能确保学生在后续学习中不掉队。

要提高教育质量，就得提高学生的生活质量，就得使生生关系从竞争转向合作，使教师从关心学习转向关心学生，并给予学生自主发展的时间与空间。当把教育质量窄化为学习成绩时，学生在学习上的互帮互助就没有了，因为每个同学都是自己名次递增时的敌人。在学习上没有互帮互助，友谊与更深层次的相互理解与宽容，就会越来越稀缺。只有从培养学生之间的相互理解与宽容开始，学生才可能在学习上真正实现互帮互助。师生关系的核心并不是教与学之间的职业关系，而是人与人之间的生活关系——教师是否真的关心学生的成长，尤其是学生的全面成长与可持续成长；教师在教学中是否真的着力于帮助学生学习，而不仅仅是为了学生的学习，尤其是为了学生的学习成绩。在师生关系中教师始终处于主导地位，所以师生关系的核心是要让教师从关心学习，尤其是关心学习成绩，向关心学生这个人，包括他的学习也包括他的生活转变。就学校管理来说，不管学校教育如何强势，也不管教师如何能干，学生最终都是自己学习的责任人，这是学校、教师和家长都替代不了的。因此，作为自己学习的责任人，学生需要有自主的时间和空间去统整自己的学习，将不同学科的学习和不同领域的学习组装成一个和谐的知识系统；学生需要有自主的时间与空间来统整自己的生活，将学校生活、家庭生活和社会生活组装成一个和谐的生活系统。当学生的知识散布在不同学科与不同领域时，学生的学习质量就难免会低下；当学生的生活被学校、家庭和社会分隔成不同的部分时，自然就谈不上生活质量了。

其实，将教育质量人为地区分为学习质量和生活质量，是一种错误的做法，因为学习质量与生活质量原本就分不开，否则，就不必在两者之上设置教育质量这样一个大概念了。学习质量与生活质量有着非常紧密的关系，只有学生的学习质量高了，他生活起来才有成就感，才有现实的意义，他的生活质量才会因此而变高；反过来，只有学生的生活质量高了，生活品位高了，他对学习的兴趣才会浓厚，对学习方法的探索才会积极，对学习能力的获得才会愿意坚持，他的学习质量才会因此而变高。其实，在现实生活中，学生的学习质量和生活质量是分不开的，它们一损俱损，一荣俱荣。为了学习质量而暂时牺牲生活质量的做法是没有长远眼光的，自然也是不够科学的；为了生活质量而暂时牺牲学习质量的做法也是不可取的，因为这样的生活没有教育意义，学生会失去促进自己更好更快地成功的机会。

3. 考试成绩究竟是谁的命根

"分、分、分，学生的命根；考、考、考，教师的法宝"，这是广为流传的话语，也是对教育最为讥讽的话语。但是，即使这样的话语，也仍然没有揭示教学实践的真相。考试分数又何止是学生的命根？如果只是学生的命根，我看并没有什么不好，至少我们可以把教育的重心全部置于学生的学习上。问题在于，考试分数不仅仅是学生的命根，还是教师的命根、学校的命根与家长的命根。正是考试分数主体多元化、考试分数功利化与教育教学眼前化等现象异化了当前的教育教学。

一

考试成绩是学生的命根。由于考试成绩的获得者与学生是同一主体，因此，考试成绩就成为衡量学生发展水平的指标。于是考试成绩与学生发展就同为教育目的。因此，就用获得成绩的方法代替学生发展，这正是要求学生在教育教学过程中追求学习成绩的正当理由。学生的本职任务就是学习，那么，考试成绩成为评价学生学习程度的主要指标，成为学生的命根也就不言而喻了。正如行政官员对政绩的追求，本来就是他的本职工作，这是无可非议的。假如他对政绩的追求伤害了他人的利益，或者破坏了社会的和谐，那么是制度对政绩的界定错了，而不是追求政绩的人错了。所以，学生以考试成绩为命根，这是学生在尽职，他没有任何过错。如果学生因为追求考试成绩而阻碍了自我的发展，这是对考试成绩的界定出了问题，与学生对考试成绩的追求无关。

然而，考试成绩不仅仅是学生的命根，还是他人的命根，因此，学生就成为他人追求考试成绩的工具与手段。所以，把考试成绩作为他人而非学生的命根，这才是应试教育的病根。笔者曾经参加过两次高考，第一次高考落第时，心里就一直在考虑一个问题：为什么自己平时成绩那么好，偏偏高考就失败了呢？继而追问：自己平时的成绩都是为谁考的呢？成为一名教育研究者后，我才真正明白了其中的道理。对学生来说，平时考试成绩是为高考成绩打基础的，但仅仅是打基础而已，因为它与高考成绩没有直接的因果关系。但它却是评价教师教学绩效的直接依据，是教师评奖、评优与评职称的砝码，所以，高考成绩是学生的命根，而平时的考试成绩是教师的命根。因此，在追求平时考试成绩的过程中，学生既是获得更好的高考成绩目标的主人，又是教师追求更好教学绩效的工具。

二

考试成绩成为教师的命根，也就成为课堂教学的目的，因此，学生就成为教师提高考试成绩的手段。手段是服务于目的的，所以，教师对教育教学的安排，包括对学生如何学习、学习什么的安排，都是服务于考试成绩的。人不能成为手段，因为每个人都有自己的终极追求，不管年龄的大小，不管个体发展程度的高低。当人沦落为手段的时候，就丧失了生命的价值与生命的活力。可事实上，在今天的教师绩效考核中，学生已经成为教师实现绩效的手段。在这种情况下，考试成绩与学生是分离的，考试成绩是一种统计概率上的成绩，是一种对比与比较的指标，是一种脱离学生主体性的指标，所以考试成绩提升与否，与学生本人的成长就脱钩了。教师关注的是班级的平均分、差生率与优生率，而不是单个学生的成长。自然，学生有利于统计意义上的成绩时，就成为教师感恩的"手段"；而学生不利于提高甚至阻碍统计意义上成绩的攀升时，哪怕学生自我有了很大的进步，也仍然会成为教师讨厌的"手段"。因此，教师的喜怒哀乐，是建立在统计意义与比较意义上的成绩之上，而不是建立在学生生命成长性的实现之上，不是建立在每个学生的自我实现之上。目标的错位，自然误导了课堂教学的方向。

然而，这也不能怪罪教师，因为追求教学成绩，也就是统计意义与比较意义上的成绩，就是教师的本职工作。如果要责怪教学成绩对教育教学实践的误导，那么我们要怪的是这种绩效评估机制，而不是在这套绩效评估机制下努力工作的教师。

三

考试成绩成为家长的命根，家长对孩子考试成绩的态度，与孩子的成长并没有偏差，也就是说，家长追求的孩子考试成绩，与孩子的成长是一致的。可家长把孩子的考试成绩当成自己的命根，伤害的却是孩子与家长之间的亲情。因为家长会用孩子的考试成绩去评价孩子，并根据评价结果决定如何对待孩子。然而，家长对孩子的爱本应是没有条件的，更不应该存在具体的评价标准。当家长把希望寄托在孩子的考试成绩而不是孩子身上时，就把对孩子的爱转移给了考试成绩，就把对孩子的关心转变为对孩子学习的关心，这就让亲情加上了厚厚的一层功利色彩，至少孩子感觉是这样的。所以，在孩子看来，家长不再是那个无私的家长，而是功利的家长，是一味地追求考试成绩的家长，是哪怕牺牲或者打骂孩子也在所不惜的家长。当然，家长也有抱怨，因为在家长看来，提高孩子的考试成绩难道不是为了孩子好吗？只可惜孩子并不会站在家长的立场上看问题，也不会用家长的大脑来思考自己的行动。君不见，教师的孩子往往学习不好，我想，问题的根源并不是教师在自己孩子身上花的时间太少，而是教师容易把孩子当学生看待，正是这种错位抹去了教师与子女间的亲情。

在目前的教育体制下，家长承担着越来越多的教师的责任，比如监督孩子做家庭作业，对孩子"抽背"，等等，于是孩子逐渐成为家长的学生，而不是家长的孩子。这何尝不是一种错位呢？这种错位的结果，就是教育教学的异化。孩子每天放学回到家里，家长不是亲切地问今天累不累，而是迫不及待地追问今天的考试结果如何、今天的家庭作业做完了没有、今天老师有没有表扬等问题。对家长来说，这的确是一种关心；可对孩子来说，这却是赤裸裸的功利的"关心"。

当然，我们也不能因此而责怪家长。如果没有好的考试成绩，哪来好的中学，哪来重点大学，哪来好的工作呢？这是社会体制使然。只不过，好的中学、重点大学与好的工作，比孩子更重要吗？家长是否意识到孩子的幸福才是最重要的呢？难道有了这些世俗与功利的选择，孩子就会幸福吗？在目前这种短期的绩效评价机制之下，教师必须用短浅的眼光来对待学生，追求学生的学习成绩，可是家长有必要也用短浅的眼光来追求孩子每天的成绩吗？

既然高考与中考仍然存在，我就不反对学生把考试成绩当作自己的命根，因为这是理性的选择。当前教育体制中最大的问题，在于考试成绩并不仅仅是学生的命根，还是教师与家长的命根（教育行政以及其他组织的命根就暂且不谈了）。学生的考试成绩成为教师的命根，导致的结果是学校教育教学的异化；学生的考试成绩成为家长的命根，导致的结果是家庭教育的异化。所以，考试成绩应该是学生的命根，也只应该是学生的命根。

4. 支撑课堂教学的目的究竟是谁的

当人们为自己的目标行动时，不管行动过程如何艰辛，行动总是依赖于自己的内在动力；当人们为别人的目标行动时，不管行动过程如何舒适，行动总是依赖于他人的外在压力。这种感觉对课堂中的教师与学生来说也不例外。如果课堂教学的目标既不是教师的，也不是学生的，那教师与学生都只是受外在教学目标的驱动；如果课堂教学的目标是教师的，而不是学生的，那教师就拥有课堂教学的主动权，而学生只是受教师教学目标的驱动；只有课堂教学目标属于学生的时候，课堂才是真正的自下而上的课堂，学生因为有自己的目标而动力十足，教师则因为学生的投入而信心十足。

一

教育总是有目的的，无目的的教育本身就是非理性的。教育的目的并不必然属于学生，但它肯定有自己的归属。教育目的可能是国家通过课程标准规定的，也可能是教师在教学过程中设定的，当然也有可能成为学生自主学习的追求。当教育目的作为国家课程标准而存在时，这对教师与学生都是一种外在的压力，课堂教学就成为实现国家教育目的的场所与工具。如果教师能够充分理解并内化国家的课程标准，能够自觉地将课程标准转化为自己的课堂教学目标，就将国家课程标准与自己的课堂教学目标合二为一，并因为有了自己的课堂教学目标而成为课堂的主人。在这个过程中最为受伤的，就是处于被动状态的学生了，他们成为实现教师教学目标的手段，并因此而承受教师在课堂教学中向他们施加的压力。对学生来说，只有当他们拥有属于自己的学习目标时，他们的学习行为才会变得主动与积极。

课堂教学真正的主人是坐在教室中的学生，而不是站在讲台上的教师，更不是作为学科知识化身的教材。要真正地调动课堂教学的活力，就得激发学生的学习自主性，而激发学生学习自主性的前提，就是为学生寻找到属于他们自己的学习目标。因此，课堂教学中最为核心的问题，就在于如何将外在的教育目的，包括国家的教育方针与课程标准以及教师的教学目标转化为学生自己的学习追求。

教育目的是一个看不见摸不着的东西，但它却是课堂教学的灵魂。课堂教学的特点，就是尽可能地逐级完成教育目的的转换与内化。可每一位参与教学活动的个体都会形成并持有自己的教育目的，而且人只有在为自己的教育目的工作与学习时，才会产生内在的动机与积极性，并因此感知到这个过程中的幸福。因此，教育教学的艺术性就在于如何将外在的教育目的转化为教师的教育目的，一直延伸并最终形成学生自主学习的内在目的。所以，教育目的的转换过程是自上而下的，而课堂教学的实施过程则需要自下而上地完成，于是，教育目的的转换就自然成为课堂教学实施的前提性工作了。

二

在课堂教学过程中，只有拥有属于自己的学习目标，学生才会真正地参与课堂学习。但在成人眼中，学生是未成熟的，也是无知的，所以他们不具备为自己的学习过程选择目标的能力与远见，因此，由教师为学生设定学习任务就势在必行。正是两者间存在的矛盾，让教育陷入恶性循环之中：

当教师为学生设定好学习任务时，学生就将学习任务当作一种压力而予以抵制。学生越是抵制教师为自己设定的学习任务，教师就越是觉得学生幼稚与无知，于是就越试图为学生设置更为精细的学习任务。而且，当发现自己为学生设定的学习任务没有收到预期效果，尤其是发现学生居然会主动地抵制自己布置的学习任务时，教师对学生的抱怨就会在所难免。

教育作为一个复杂体，不仅过程复杂，而且目的多样。教师并不是学生学习任务的唯一设定人，很多时候，教师只是国家、社会与家长教育目的的代言人。教育目的，至少可以分为课程标准中的教育目的、学校教育规划中的教育目的、国家教育考试中的教育目的、家长的教育目的、教师教学设计中的教育目的以及学生自主学习中的教育目的。

教育目的不管有多少种形态，最终都将落实到课堂教学中的教师与学生身上，因此，教师教学设计与学生自主学习中的教育目的才是支撑课堂教学的教育目的。但教师教学设计与学生自主学习的目的并不完全取决于教师与学生，因为外在于教师与学生的教育目的会通过各种途径内化到教师与学生身上，在内化过程中，教师与学生可能是主动的，也可能是被动的。需要强调的是，不管外在于教师与学生的教育目的是多么正确与理性，如果在课堂教学中没有转化为教师与学生的教育目的，就不可能成为支撑课堂教学的目的。所以，在课堂教学中需要将课程标准、学校教育规划、国家教育考试以及家长的教育目的，转化为教师教学设计与学生自主学习的教育目的。而要真正地落实所有的教育目的，还需要将教师教学设计中的教育目的完全转化为学生自主学习的教育目的。

三

课堂是一个相对封闭的环境，只有教师与学生生活于其中，因此，课堂教学就只为教师与学生的教育目的预留了空间。我们判断课堂教学是否有教育意义，并没有一个绝对的标准，而是看特定的教育目的能否实现。

课堂教学如果实现了这个教育目的，就因此而具有教育意义。如果课堂教学达到了教师教学设计的目的，比如让学生掌握了教师预设的学科知识，那么，这堂课对教师来说就具有教育意义。而对于学生来说，这堂课很可能毫无意义，因为这堂课并没有学生自己教育目的的参与，学生只是作为教师实现自己教育目的的工具。当然，有些时候课堂教学并没有完成教师预设的教学目标，甚至整个课堂完全不在教师的控制之下，这样的课堂对教师来说并不具有教育意义。而对于学生来说则完全不一样，他们可能在课堂教学中寻找到释放自己天性的空间，并因此而享受到一个孩子在课堂教学中应该拥有的乐趣。

整个教育流程，就是转化并落实教育目的的过程。国家对公民的教育有一定的期待，这种期待通过课程标准与考试大纲而外显为国家的教育目的。学生家长对子女的教育也有一定的期待，但这种期待并没有具体的表现形式，于是只好借助于国家的教育目的来实现。正因为有了国家与家长的教育目的，学校作为专门的教育机构才应运而生。学校作为一个组织机构，并没有属于自己的教育目的，它的核心任务就是完成国家的教育目的，也就是落实国家的课程标准并让学生顺利通过国家教育考试。

学校需要借助学校管理者与教师来落实国家的教育目的，当然，此时国家的教育目的或多或少地"掺和"了家长与民众的教育目的。教师并不会主动地将国家教育目的转变为自己的教育目的，因此，学校往往通过对教学过程的监控，最终以学生的考试成绩来考核教师落实国家教育目的的程度，并以此决定教师的职业收入。对教师来说，课堂教学过程既是换取职业收入的过程，也是实现自己教育理想与人生价值的过程，因此，在课堂教学过程中究竟要内化多少国家教育目的，既取决于国家与学校给予教师的报酬，也取决于国家教育目的与教师个人的教育理想和人生价值有多大的重合度。国家与学校管理者要完全排挤教师个人的教育理想与人生价值追求是不可能的，不管是靠报酬来吸引教师还是靠外在的监控来强制教师。要最大限度地落实国家的教育目的，最好的方法就是引导教师的教育理想与人生价值追求，让他在实现国家教育目的的时候得到足够的激励，从而保证两者逐步趋同与一致。

不管国家、家庭、社会与教师有多少教育目的，哪怕这些目的都由教师与教材带到课堂之中，如果它们不为学生所接受并内化为自己的学习目的，课堂教学的有效性就依然得不到保证。其实在课堂教学中，国家、家庭与社会的教育目的已经被教师筛选过，教师的教育目的也不再是他个人的目的，而是通过对国家、家庭与社会教育目的的筛选，并综合自己的教育目的而形成的教育目的综合体，但我们仍然可以简单地将这个教育目的的综合体理解成教师自己的教育目的。这样一来，课堂教学的关键，就是教师教育目的与学生学习目的间的冲突与融合。国家与学校可以通过职业收入来让教师内化国家教育目的，虽然这种方式的效果并不是我们满意的，但它却可以做到最低保障。然而，这种方式对于学生却不管用，因为学生并没有眼前的经济需求。哪怕你用长远的经济需求来激发学生的学习动机，由于这些需求过于长远，对学生产生的影响也是很有限的。

因此，要将教师的教育目的转化为学生的学习目的，教师需要在三个方面下工夫。其一，寻找到教师教育目的与学生学习目的间的相同点，比如知识学习过程中的乐趣。其二，引导学生学习目的与教师教育目的保持一致。这需要以教师充分地理解学生为前提。其三，利用适当的强制手段用教师教育目的替代学生学习目的。这种方式只能针对少数学生，而且在教育过程中也只能保证最低的教育效果。

5. 考试成绩与幸福学习：对立还是统一

　　学习幸福吗？没有几个学生会这样认为。在繁多的作业面前，在考试的重重压力之下，有几个学生会觉得幸福呢？教学有意义吗？没有几个教师会这样认为。在枯燥乏味的教学面前，在自己无法控制的学生成绩面前，有几个教师会觉得教学有意义呢？如果学生痛苦多于幸福，那么放弃学习难道不是理性的选择吗？或者，要用目前的痛苦去换取未来的幸福，又有几个学生有如此长远的眼光与长久的忍受能力呢？如果教学是没有意义的工作，教师还会为此投入更多的精力与智慧吗？究竟是没有投入精力与智慧，才使得教学没有意义，还是教学工作原本就没有意义呢？

　　学习为什么不幸福？绝大多数学生都将之归罪于考试。没有考试多好啊，这样学生就可以按照自己的爱好选择学习内容，可以根据自己的学习情况安排学习进度，可以根据自己的学习目标评价学习结果，这是一种自由的学习、主动的学习与幸福的学习。考试原本就是教育过程中的一环，为什么会如此异化教育过程呢？考试就一定会异化教育吗？究竟是考试异化了教育，还是人们对待考试的态度与方法异化了教育呢？

　　考试具有十分重要的教育功能，这是对的。然而，如果认为有了考试，就可以放弃教育，这肯定是错误的。不论考试本身正确与否，应对考试的方法与过程，却是需要教育智慧与教学技巧的，帮助学生掌握考试所需知识的过程也是有规律可循的。比如，简单记忆式的考试过于机械，但如何让学生记住东西并不机械，它需要教师掌握与记忆有关的知识，并在教学实践中有机地加以应用。古时候举行科举考试，我想没有多少人会认为为了应试而学习是幸福的，可当时有不少读书人认为为了应付科举考试而学习是值得的，是有趣的，在读书过程中也是幸福的。由此可见，学习幸福与否，教育异化与否，与考试本身无关。即使只是为了应试，也可以寻找到应试的知识与规律，按照应试的规律搞应试，多少都会带给人一定的幸福感。这就是为什么我们反对应试教育，但并不反对教育的原因。

不管考试如何，在学习过程中是有可能幸福的。问题在于有没有去追求幸福，因为幸福与否并不在于你得到了多少，而在于你付出了多少，在付出的过程中创造了多大的价值。这个价值可能是考出了比自己以往更好的成绩，也可能是寻找到了以往没有发现的更好的方法。当然，前提是你认为学习是有规律的，而且值得你付出精力和智慧去追求与努力。

为什么说在学习过程中是有可能幸福的呢？我曾经在一所重点中学作过名为"认识学习"的报告，报告结束后，有一位同学问我："您认为我们的学习是有方法、有规律的，那您能不能找出一个标准，来诊断我们的学习方法是否出问题了？"这个问题很有意思，也切中了当前教育教学研究的要害。比如，我们普遍认为治病是有规律、有道理的，可为什么说治病是有规律的呢？医生不可能向病人陈述医学知识的内在逻辑是多么严密，医学知识是多么有效，因为病人并不需要医生或者医学的"逻辑"，也不想知道医学知识究竟有多大的功效，他们听不懂这些，即使听懂了也没有意义。病人往往只关心两个问题：一是根据医生或者医学的标准，他的身体是否健康，如果不健康，他生了哪种病；一是根据当前医生的医术与医学的知识，如何以及需要多长时间才能够治好这种病。按照以上逻辑，如果我们认为学习是有内在规律的，那么我们就绕不过这位学生的问题，也就是与病人关心的第一个问题类似的问题：教育教学知识能够提供学习方法的诊断标准吗？

突然遭遇学生的提问，我没有足够的时间去查找教育理论依据，只好凭直觉给他一个直观的答案：当你觉得读书不幸福时，当你觉得读书没有意思时，你的学习方法很可能就出问题了。尽管这个答案为我赢得了一阵掌声，但我却觉得这样的答案反而会让学生不知所云，从而不知所从。

讲座结束后，旁听的教师并没有与我争论学习的本质究竟是什么，而是对那位同学的问题很感兴趣，当然，他们对我的回答更感"兴趣"。他们认为，根据我的答案，只要学习方法是正确的，学习就应该是幸福的。可事实上，从古到今，学习都是痛苦的，有古人的悬梁刺股为据，有"学海无涯苦作舟"为证。而且，教师们有一个非常具体也非常客观的答案，那就是根据学生的考试成绩来判断学生的学习方法正确与否。教师们更赞成考得好的学生学习方法一定好，而对学习有兴趣的学生考试成绩倒不一定好，所以，用考试成绩来判断学生的学习方法正确与否，远比用学习兴趣与学习幸福程度来判断更为有效。

可事实果真如此吗？首先，我们来分析考试成绩与学习方法之间的关系，可以用"速度"与"力"之间的关系做类比。我们都知道，在速度不断增大时，物体的动力大于阻力，随着动力的增大，物体的加速度也增大，使得物体的速度也不断增大。当物体的速度达到最大时，物体的动力与承受的摩擦力正好抵消，此时，物体的加速度为零，物体的速度不再增大。当物体的速度减小时，物体的动力小于阻力，随着阻力的增大，物体的加速度反向增大，使得物体的速度加速降低。由此可见，动力的大小与速度的大小并没有直接关系。用速度的大小来判断物体动力的大小，是一个非常明显的错误。如果我们把学习方法当作物体的动力，把考试成绩当作物体的速度，那么，把考试成绩当作评价学习方法正确与否的标准，其错误也就不言而喻了。当一位同学的成绩最好时，就意味着他的成绩不会再上升了，这个时候，他的学习方法就出问题了；而学生学习方法最好的时候，也就是他的考试成绩上升最快的时候，这个时候难道不是学生感到幸福的时候吗？

因此，不能用考试成绩来掩盖课堂教学的本质，也不能用考试成绩来剥夺学生学习的幸福。古语云：工欲善其事，必先利其器。有利器而行事之人，自然是幸福之人。卖油翁是幸福的，因为他醉心于倒油的本事；庖丁是幸福的，因为他解牛的过程是自然而又开心的。从上面的分析可知，学习成绩和学习方法之间只是"相关关系"，而不是"因果关系"。所谓"因果关系"，是指学生学习方法的好坏直接决定他的成绩的高低，前者是因后者是果。所谓"相关关系"，是指学生学习成绩的好坏与他的学习方法的对错，是有关系的，但两者不一定是互为因果的，因为学习成绩可能会受到另外一个因素的影响，那就是学生在学习上的投入程度。假设学习方法百分之百好，而学生对学习的投入程度只有百分之一，这样学习的效果仍然只有百分之一；如果学习方法很差，比如只有百分之十是对的，而学生对学习却有百分之百的投入，这样学习的效果却能达到百分之十。因此，考试成绩是学习方法与学习投入程度的综合结果，并不能作为验证学生学习方法与学习投入程度的证据。

下面，我们来具体看看学习过程中的幸福从何而来。

在课堂教学中，很多知识是要求学生背诵的。背诵常常被人简单地理解为死记硬背。一位教师让学生背诵的东西越多，就越会被看成是填鸭式教学。可事实上，背诵并没有人们想象的那么枯燥，它也是一种能力，而且是一种需要培养与开发的能力。教师应该相信背诵是有方法与技巧的，如果教师可以把记忆的方法教给学生，那么，学生就不会觉得背书很痛苦。如果学生可以在短时间内背诵"有意义"的东西，这自然就是一种幸福，也是一件很有意思的事。比如，笔者在上初中的生理卫生课时，老师要求我们背诵呼吸道传染病的名称，如肺结核、猩红热等。面对这些陌生的名称，为了把它们真正记下来，笔者没有死记硬背，而是把它们想象为人的名字或者事物的名称，然后串起来："肺结核先生觉得有点感冒了，嗓子有点不舒服，就叫猩红热女士去帮他买药……"运用这种有策略的记忆方法，学生背诵知识的过程就变成创造的过程，就变成实现自我智慧与自我价值的过程，在这个过程中，学生能不幸福吗？因此，当学生怎么也记不住要背诵的东西时，教师没有必要恨铁不成钢，大声训斥他们，而应该反思一下自己的教学方法是否有问题，自己是否把记忆的方法教给了学生，是否使学生觉得记忆是一种价值实现。

所以，只要有正确的方法，学习的过程肯定就是幸福的过程。学习可以带给学生幸福感，并不是因为学习可以为学生带来高分，可以让学生"赚大钱与娶美女"，而是因为学生可以体会到学习过程的乐趣。在这个过程中学生有可能是辛苦的，但却应该是智慧的。这种幸福感来自自我价值的实现，而运用智慧是实现自我价值的最佳渠道。

6. 课堂是师生生活家园还是利益战场

　　课堂给人的感觉，始终是不如意！课堂是年幼的学生和年长的教师每天生活的现场，虽然现场并不能主宰每一个人的生活情趣，但对于现场的理解与期望，往往是师生自我评价的标准与前提。所以，课堂的不如意，已经成了师生幸福生活的桎梏。

　　有一位教师曾给我写过一封信，大意是说，在她现在的生活中，除了课堂的紧张与枯燥，其他一切皆好。于是，我问她为什么非得把课堂排除在享受生活之外。她反问我道："教师的工作就是上课，上课的目的就是赚取薪酬，难道还有能够赚取薪酬而不痛苦的事情吗？"我不觉哑然，课堂是教师赚取薪酬的现场，这实在是不用证明的"真理"，但是当教师实实在在地将之告诉我时，我又总觉得被什么东西"噎"了一下。可能是因为听过太多"教师奉献论"之类的观点，现在突然听到教师的利益诉求，有点难以接受。但仔细想想，哪位当教师的又不是以这个职业的收入来养家糊口呢？

　　当我们把课堂当作赚取薪酬的现场时，课堂在师生眼中会有什么样的意义呢？

　　如果课堂真的是赚取薪酬的现场，那么教师究竟赚了谁的钱呢？中国古语云"得人钱财，与人消灾"，这是否意味着，教师赚了谁的钱，在课堂上就要为谁"消灾"呢？我们先来看教师究竟赚了谁的钱。教师的收益，也就是工资收入，几乎完全来自国家的财政拨款，少许学校补贴也只是对教师收益的补充。因此，不难发现，教师的课堂教学，在很大程度上是为了完成国家或者学校规定的任务，因为薪酬的多寡是与教学业绩的好坏挂钩的。

如果教师上课只是为了赚取薪酬，那么学生就成了教师赚取薪酬的一个手段，学生学习就成了教师教学的附庸。其实这一点不难理解：在基础教育阶段，尤其是在义务教育阶段，教育的收益具有公共性（他人可以无偿享有受教育者获得的收益），私人性的收益比例相对较低。正因为如此，国家才需要用财政手段向学校购买义务教育服务。既然义务教育服务的收益主要是公共性的，这就大大削弱了学生自己购买教育服务的积极性，因为绝大多数学生都明白，自己修完了义务教育，甚至整个基础教育，对自己社会地位的上升与职业收益的增加助益不大。当然，这并不是说义务教育或者基础教育对学生就真的没有助益。有两点内容需要做进一步的解释：其一，只修义务教育或者基础教育的课程，不在义务教育或者基础教育之上再接受教育的人，从义务教育或者基础教育中获得的个人收益的确不大；其二，义务教育或者基础教育对个人成长的助益，往往是后效的，也是潜在的，而绝大多数学生和家长要么没有足够的耐心来等待，要么没有足够的资金来延续，要么没有足够的智力来预测。当义务教育或者基础教育因为收益的公共性而为国家所主导时，国家通过财政拨款的方式将教育的权利与义务下放给学校，学校以工资的形式将教育的权利与义务下放给教师，于是，课堂就成了教师代表国家实现教育公共收益的地方。教师要实现教育的公共收益，而学生却发现不了、意识不到公共收益的好处，于是，学生就只好被动地接受教师的教育，并且在被动接收的过程中进行反抗与博弈。其实说白了，如果只是从物质利益的角度来看，义务教育或者基础教育的课堂，就是教育收益的公共性与私人性决战的战场，教师是公共性的化身，学生是私人性的化身。在这种情况下，学生不读书或者不好好读书，从个人短期利益的角度来看，实在不能全怪他们。

其实，如果我们一味地肯定教师上课只是为了赚取薪酬，无疑是对教师最大的误解，也是对教师最大的打击。课堂除了如上文分析所言，是一个利益博弈的战场之外，在很大程度上还是师生心灵交流的殿堂。人，不可能完全为物质需求所蒙蔽，否则，就会在物质利益的世界里迷失方向，甚至失去自我。很多时候，做事情是为了赚取薪酬只是很肤浅的理解，更重要的是在做事情的过程中寻找到自己的价值。这种价值是在与人的交往中获得的，是通过自己对他人的奉献并得到他人的接受与认可获得的。

当我们将精神层面的东西引进课堂时，课堂的硝烟味就会变淡许多，对课堂的理解就会变得更加深刻与人性化。

课堂首先是生活场，其次才是利益场。课堂是师生交往的现场，是师生日常生活的情境。不管教师代表着谁的利益，也不管学生是什么利益的代表，师生作为日常生活中的个体，课堂作为日常生活现场的地位是首位的。教师与学生共处一"室"，这就注定了师生是教育问题的"共同遭遇者"。在面对面的"教与学"过程中，教师必须理解学生代表的利益，必须接受学生对"教与学"过程的想法与理解；学生也必须适应教师营造的教育情境与教学过程。如果彼此不理解与适应，那么首先会出现师生课堂生活状态的崩溃，然后才是"教与学"作为职业过程的决裂。对于师生来说，生活是第一位的，职业是第二位的。当把生活崩溃置于职业决裂之前时，师生就必须将维持生活置于利益的博弈之前。

于是，当我们把课堂当作生活现场来看时，师生就可以摆脱利益上的争斗与博弈。事实上，也只有师生之间有了良好的生活关系，他们才有可能在教育利益的问题上获得双赢的结果。课堂成为师生生活的现场后，他们对课堂的理解，就从科学的视角、利益的视角，转变为生活的视角、伦理的视角。

课堂是教师与学生共同营造的，任何一方缺位，课堂就只是空荡荡的教室。既然课堂是师生双方共同的生活现场，那么其有效性就取决于双方的和谐与融洽，而不是取决于任何一方行为的"科学性"，因此，对课堂教学讲"科学性"远没有讲"适当性"有用。有这样两位语文教师：一位上课如行云流水，把课文演绎得淋漓尽致；另一位上课咬文嚼字，把课文肢解成若干知识点。前者上课让学生拍案叫绝，但学生的考试成绩实在不如人意；后者上课让学生叫苦连天，但学生的考试成绩让人不得不佩服。你认为哪一个教师好呢？这是不是有点为难你了？不但是你，几乎所有从事教育工作的人，面对这个问题都很为难。为什么大家会感到为难呢？因为我们只是揭示了现象，而对于判断这个现象的标准并没有确定，在没有标准的时候，怎么可以判断一件事情或者一个人好与坏呢？假如我们以语文欣赏能力为标准，前者肯定优于后者；如果我们以语文教学业绩为标准，后者肯定优于前者。然而，课堂教学就是以语文欣赏能力或者语文教学业绩为标准吗？这个标准是判断教师能力的标准，而不是判断课堂教学有效性的标准。

课堂是师生共同营造的。因此，判断教师课堂教学的标准，是课堂教学对学生学习状态的适应程度。与此相应，判断学生学习过程的标准，是学生对教师课堂教学的适应程度（如果学生是天才，完全不听教师上课，仍然考出了好成绩，那就不是课堂教学的问题，而是课外的努力或者课外因素所致了）。也就是说，判断课堂教学的标准，是师生交互的。科学的方法与理解只是让"教与学"相互适应的手段，而不是判断"教与学"的依据。适应，是社会生活最为本质的特点。当我们把课堂当作师生生活的现场时，就必须接受社会生活的标准，同时放弃科学的标准，只是把科学当作服务于生活的工具与手段。

从生活的视角来看课堂，我们就无法考虑太多的利益，甚至不能把外在的利益，比如教师的工资、学生的学费等带进课堂。对这样的假设，很多教师都会认为，它只是一种虚幻的理想。如果不考虑工资，那教师课堂教学的目的是什么呢？对这个问题，可以从两个角度来理解：其一，课堂是实现教师追求的地方，是展现个人价值的地方，是一个专业的领域。如果在课堂教学中还在考虑个人收益，犹如医生在手术过程中还在考虑个人的工资，课堂教学的质量是难以保证的。课堂中需要的是执著与专一，要么你选择专业追求，要么你选择利益博弈。其二，对工资与福利太多的抱怨，在课堂上有可能解决吗？如果解决不了，还不如把它们从心中抹掉。说不定，当我们把课堂当作实现追求、实现个人价值的地方时，还能够提高个人的能力与信誉，间接地为自己带来收益。

当师生放弃利益之争，再进入课堂教学的现场时，师生之间的交往就演绎成伦理问题，而不是利益问题，也不是科学的问题。在师生课堂交往过程中，知识的教学与能力的培育，则成为师生共同的问题与困难。患难之中见真情，这表明人与人之间的感情，正是在解决困难的过程中建构与表现出来的。于是，学生判断教师的首要标准，是教师面对学生出现学习问题时的态度，而不是解决学生学习问题的能力，前者是生活问题，后者是科学与利益问题。当然，教师判断学生的首要标准，是学生对待学习的态度（此处的学习是师生共同营造的，不包括学生的自学），而不仅仅是学生学习能力的高低（从师生的判断标准，就可以感觉到，教师相比于学生更加功利，毕竟教师是课堂交往过程中的直接获利者，而学生只是消费者，只是间接获利者）。因为态度是对人的，而成就是对事的。用更为简洁的话来总结，就是生活中的学生，往往直接关心教师，再间接关心教师的教学；与之相应，教师作为职业人员，往往直接关心学生的学习，再间接关心学生的生活。然而，关心学生的学习是一种利益的表现，而关心学生才是一种生活的表现。

当我们从利益的视角来探视课堂时，课堂是代表教育公共收益的教师与代表教育私人收益的学生，进行利益博弈的战场，而且这种博弈是不可调和的。可在现实生活中，课堂是师生生活的现场，师生作为教育问题与学习困难的共同遭遇者，往往通过彼此适应与理解，来达成和谐与共进。当我们把课堂当作生活现场时，师生彼此的适应程度与理解程度，代替了科学的深度；师生对待"教与学"的态度，代替了对"教与学"结果的利益诉求。而当我们把科学的教学方法与程序当作目的，或者把教育利益和功利的学科成绩当目的时，离课堂生活的崩溃也就不远了。